Kleine Nähwelten

FRISCHE IDEEN AUS STOFF UND FADEN

Kleine Nähwelten

FRISCHE IDEEN AUS STOFF UND FADEN

Inhaltsverzeichnis

Kleine
Nähwelten

Unzählige Ideen für Ihr Zuhause auf dem Balkon oder im Garten, im Wohn- oder Esszimmer, in der Küche oder im Bad, Kinderzimmer und Schlafzimmer finden sich auf den folgenden Seiten. Tauchen Sie ein in kleine Nähwelten und lassen Sie sich inspirieren. Gestalten Sie Ihre Umgebung mit wenigen kleinen Accessoires immer wieder neu. Ob Sie nun für Ihre Kissen eine neue Hülle nähen, der alten Bierbankgarnitur mit Hussen ein neues, schöneres Leben einhauchen, oder ob Sie ein passendes Handtuch-Badematten-Set mit hübschen floralen Bordüren verzieren – den kleinen, schnell gefertigten Näh-ideen sind keine Grenzen gesetzt.

Wie schön ist es
doch zu Hause

Die meiste Zeit des Jahres verbringen wir alle daheim, in den eigenen vier Wänden, im eigenen Garten oder auf dem Balkon. Und wenn es dort richtig gemütlich ist, dann kann jeder Tag daheim ein Tag Urlaub zu Hause sein! Warum nicht die Chance nutzen und den gemütlichsten Ort auf der Welt mit wunderschönen selbstgenähten Kleinigkeiten schmücken? Im folgenden Kapitel finden Sie viele Anregungen für dekorative und nützliche Accessoires: Wattierte und bezogene Kleiderbügel beispielsweise sehen nicht nur hübsch aus, sondern schonen auch Blusen und Hemden und selbstgenähte Wimpelgirlanden verbreiten Ferienstimmung zu jeder Jahreszeit!

Fotoband

für die liebsten Fotos

GRÖSSE
25 cm x 92 cm

MATERIAL
* Baumwollstoff in Rosa-Weiß kariert, 2x 25 cm x 92 cm (Fotobandstreifen)
* Baumwollstoff in Rosa-Weiß kariert, 12x 12 cm x 12 cm (Herzen)
* Vlieseline H 250, 25 cm x 92 cm (Fotobandstreifen)
* Zackenlitze, ca. 200 cm lang
* Holzstab, 26 cm lang
* Geschenkband aus Bast: 150 cm lang, je 2x (für die Herzen) und 40 cm lang, je 1x (als Aufhänger)
* kleine Klarsicht- bzw. Ausweishüllen
* Klebstoff

1 Auf die linke Seite eines Stoffstreifens Vlieseline aufbügeln, dabei die Herstellerangaben beachten.

2 Dann die beiden Streifen rechts auf rechts aufeinanderlegen und ringsum feststeppen, dabei eine ca. 15 cm große Öffnung zum Wenden offen lassen. Die Nahtzugaben zurückschneiden, die Ecken schräg abschneiden und das Teil wenden. Die Ecken vorsichtig mit einer Schere herausdrücken. Anschließend die Kanten flach bügeln und die Öffnung mit kleinen Stichen von Hand schließen.

3 Die obere Kante ca. 2,5 cm breit nach hinten umschlagen und knappkantig feststeppen. In den entstandenen Tunnel später den Holzstab einschieben. Die kleinen Klarsichthüllen nach Wunsch aufnähen, dazu einen etwas größeren Stich an der Maschine einstellen.

4 Jeweils zwei Stoffquadrate rechts auf rechts aufeinanderlegen, frei Hand ein Herz-Schnittmuster entwerfen oder die Vorlage für die Umhängetasche aus Teddystoff (S. 122) verwenden, darauf feststecken und ringsum aufeinandernähen, dabei eine ca. 4,5 cm große Öffnung zum Wenden offen lassen. Die Nahtzugaben zurückschneiden, die Ecken schräg abschneiden und das Herz wenden. Die Ecken vorsichtig mit einer Schere herausdrücken. Anschließend die Kanten flach bügeln und die Öffnung mit kleinen Stichen von Hand schließen. Auf die Rückseite der Herzen ringsum die Zackenlitze kleben. Jeweils drei fertige Herzen mit Klebstoff auf ein Bastband kleben. An der oberen Kante eine kleine Schlinge knoten und über den eingeschobenen Holzstab legen.

5 Das kurze Band als Aufhänger an die Außenkanten des Holzstabes knoten.

Wimpelgirlande

*bunte Akzente im Garten
und auf dem Balkon*

GRÖSSE
ca. 300 cm x 22 cm

MATERIAL
* Baumwollstoff in
  Bunt gestreift, 12x
  15 cm x 22 cm
* Baumwollstoff in Rot,
  6x 15 cm x 22 cm
* Baumwollstoff in Gelb,
  4x 15 cm x 22 cm
* vorgefalztes
  Schrägband,
  ca. 300 cm bis
  400 cm lang

**VORLAGE
SEITE 131**

1 Die Wimpelteile gemäß Schnittmuster zuschneiden. Jeweils zwei Wimpelteile rechts auf rechts aufeinanderstecken und an drei Seiten aufeinandersteppen. Die obere, kurze Kante bleibt zum Wenden offen. Die Nahtzugaben sehr knapp zurückschneiden, die Ecken schräg abschneiden und die Wimpel wenden. Die Ecken vorsichtig mit einer Schere herausdrücken und die Kanten bügeln. Die obere, offene Kante knappkantig (2 mm bis 3 mm breit) aufeinandernähen.

2 Wenn alle Wimpel fertig genäht sind, diese im Abstand von 7,5 cm zwischen das vorgebügelte Schrägband stecken. Die Länge des Bandes richtet sich nach den örtlichen Gegebenheiten, am Anfang und Ende des Bandes aber genug Platz zum Festbinden an Bäumen oder Mauerhaken lassen. Die Kanten des Schrägbandes aufeinandersteppen, dabei alle Wimpel mitfassen.

Tipp: Farbenfrohe Wimpelgirlanden lassen sich toll aus Stoffresten nähen. Sie können für die Vorder- und Rückseite eines Wimpels auch unterschiedliche Stoffe verwenden, diese sollten dann jedoch blickdicht sein. Die Wimpelgirlande übersteht auch mal einen kleinen Regenschauer, sie muss nicht jeden Abend abgehängt und ins Haus geholt werden. Soll die Girlande jedoch komplett wasserfest sein, sollten Sie sie aus Wachstuch arbeiten.

Ungeübte Näherinnen können die Wimpel auch lediglich nur mit einer Zackenschere zuschneiden (die beiden Schnittteile liegen dabei übereinander) und diese dann links auf links aufeinandersteppen.

Duftkissen mit Rosenaroma

für den Wäscheschrank

GRÖSSE
12 cm x 12 cm

MATERIAL
* Baumwollstoff in Rosa-Weiß gestreift, 12 cm x 24 cm
* Baumwollstoff in Weiß, 7 cm x 7 cm
* Vliesofix, 7 cm x 7 cm
* Papierserviette mit Rosenmotiv in Weiß-Blau-Pink
* Perlgarn in Hellblau
* Rosenpotpourri

1 Aus dem rosa-weiß gestreiften Stoff zwei Quadrate mit den Maßen 12 cm x 12 cm zuschneiden.

2 Aus der Papierserviette, dem Vliesofix und dem weißen Baumwollstoff je ein Quadrat mit den Maßen 7 cm x 7 cm zuschneiden, die unteren, unbedruckten Schichten der Serviette entfernen und die oberste Lage auf das Vliesofix bügeln. Nun die einzelnen Rosen ausschneiden und auf das Quadrat aus weißem Baumwollstoff bügeln. Anschließend das Quadrat mit dem Serviettenmotiv links auf rechts auf dem gestreiften Stoffquadrat mit Stecknadeln fixieren und per Hand mit dem hellblauen Perlgarn und Vorstichen aufnähen.

3 Jetzt die beiden Kissenhälften rechts auf rechts aufeinanderlegen, mit Stecknadeln fixieren und zusammennähen. Dabei eine kleine Öffnung zum Wenden und Befüllen lassen. Die Nahtzugabe versäubern, das Kissen wenden und mit dem Rosenpotpourri füllen. Zum Schluss die Öffnung per Hand schließen.

Herzige **Servietten**

für den Kaffeetisch

GRÖSSE
40 cm x 40 cm

MATERIAL
* fertige Stoffserviette mit Hohlsaum in Weiß, 40 cm x 40 cm
* Baumwollstoff in Flieder mit weißen Punkten, Rest
* Nähgarn in Rot

VORLAGE SEITE 126

1 Die Herzvorlage auf den Stoff übertragen und ausschneiden. Mit der Spitze des Herzens zur Spitze einer Serviette zeigend auf die Serviette legen und feststecken. Danach das Herz mit der Nähmaschine und dem roten Nähgarn im Zickzackstich knappkantig auf die Serviette nähen. Durch den Zickzackstich franst das Herz nicht aus.

Herzige **Tischdecke**

mit Einstecktaschen

GRÖSSE
125 cm x 160 cm

MATERIAL
* Baumwollstoff in
  Weiß, 125 cm x 160 cm
* Stickereistoff in Weiß
  mit Blümchen und
  Lochmuster, 50 cm x
  100 cm
* Baumwollstoff in Rot-
  Weiß kariert, Rot mit
  weißen Punkten, Rosa
  und Rot-Weiß-Grün
  gemustert, Rest
* Nähgarn in Weiß
  und Rot

**VORLAGE
SEITE 126**

1   Für die Tischdecke den weißen Baumwollstoff mit ca. 1 cm säumen und für die 8 Taschen – es befinden sich jeweils drei auf jeder Längsseite und eine auf jeder Stirnseite – aus Stickereistoff 8 Quadrate je 21 cm x 21 cm zuschneiden.

2   Für die acht Herzen in verschiedenen Farben jeweils die Vorlage auf den Stoff übertragen und ausschneiden. Danach jeweils ein Herz mittig auf eines der Stickereistoffquadrate legen, feststecken und mit dem roten Nähgarn aufnähen.

3   Nun den Stickereistoff an drei Seiten 1 cm links auf links einschlagen und mit Stecknadeln links auf rechts auf die Tischdecke stecken. Dabei darauf achten, dass die Quadrate gleichmäßig verteilt jeweils 5 cm vom Rand entfernt festgesteckt sind und die Nahtzugabe nach innen geschlagen ist. Nun die Quadrate nacheinander mit dem weißen Garn knappkantig festnähen.

Hinweis: Die Bogenkante des Stickereistoffes muss bei den Taschen nach oben zeigen und offen bleiben. Sollte der Stoff keine Bogenkante haben, diese Seite versäubern, 1 cm nach innen umschlagen und knappkantig absteppen, bevor die Tasche an die Tischdecke genäht wird.

Tipp: Für einen schönen Dopplungseffekt sorgt eine Tischdecke mit Spitzen an den Rändern. Es könnte aber auch ein ca. 10 cm breiter Spitzenstoff an die Längsseiten der Tischdecke genäht werden.

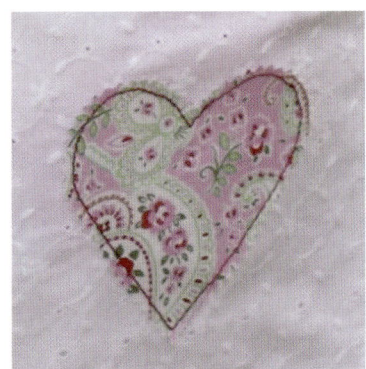

Herziges Kissen

für gemütliche Stunden

GRÖSSE

ca. 40 cm x 60 cm

MATERIAL

* Baumwollstoff in Weiß, 42 cm x 140 cm
* Baumwollstoff in Rot-Weiß kariert, Weiß mit roten Blümchen, Flieder mit weißen Punkten, Weiß mit rosafarbenen Blümchen, Creme mit roten Blumen, Grün mit weißen Punkten, Rot-Pink geblümt und Rosa-Weiß kariert, Reste
* Vlieseline H 250, 25 cm x 50 cm
* Nähgarn in Weiß und Rot
* Kisseninlett, 40 cm x 60 cm

Die Nahtzugabe ist in den Maßen enthalten!

VORLAGE SEITE 126

1 Die Vorlage je 8x auf die Vlieseline und je 1x auf die 8 verschiedenen Stoffreste übertragen und ausschneiden. Nun die Stoffherzen genau auf die Vlieselineherzen legen und feststecken.

2 Aus dem Baumwollstoff ein Rechteck mit 140 cm x 42 cm ausschneiden und die Ränder versäubern. Nun an den Schmalseiten die Nahtzugabe von jeweils 1 cm umbügeln und feststeppen. Danach von der Schmalseite aus 60 cm abmessen und markieren. Auf den nächsten 60 cm gleichmäßig die 8 Herzen auf der rechten Stoffseite verteilen und feststecken. Mit rotem Nähgarn im Zickzackstich rundherum festnähen.

3 Anschließend die 60 cm des Baumwollstoffes ohne Herzen (die Rückseite des Kissens) rechts auf rechts umklappen und bügeln. Darüber nun die restlichen 18 cm rechts auf rechts umschlagen und so die 60 cm langen Seitennähte mit 1 cm Nahtzugabe schließen. Das Kissen durch den Hotelverschluss wenden und die Ecken mit einem stumpfen Gegenstand ausformen. Abschließend mit dem Kisseninlett füllen.

Stoffkästchen

für süße Kleinigkeiten

GRÖSSE

ca. 10 cm x 10 cm x 10 cm

MATERIAL

* Baumwollstoff mit Blumenmuster in Rosa, 5x 10 cm x 10 cm (Außenseite)
* Baumwollstoff mit Pünktchen in Rosa, 6x 10 cm x 10 cm (Innenseite)
* Dekobänder in verschiedenen Mustern und Farben, jeweils 1 cm breit
* Dekomaterial für das Kästchen, z. B. Herz-Holzstreuteile
* Stickvlies zum Aufbügeln, extra stark, 6x 10 cm x 10 cm
* selbstklebendes Stickvlies, 12 cm x 12 cm
* Vliesofix, 6x 10 cm x 10 cm
* Maschinenstickgarn in Rosa

1 Der Deckel des Kästchen wird als Ribbon Patch (= Bänder-Fläche) gearbeitet. Dazu selbstklebendes Stickvlies mit dem Trägerpapier nach oben legen und etwa 3 cm des Trägerpapiers abziehen. Hilfreich ist es, wenn man dazu mit einer Stecknadel eine Ecke des Trägerpapiers anhebt. Die verschiedenen Dekobänder Kante an Kante auf das selbstklebende Vlies andrücken, nach und nach das Trägerpapier weiter abziehen und die Bänder aufkleben.

2 Mit Zierstichen der Nähmaschine und Maschinenstickgarn die Stoßkanten der Bänder übernähen und den Patch auf 10 cm x 10 cm zurückschneiden.

3 Extra starkes Stickvlies zum Aufbügeln auf die Rückseiten vom Pünktchenstoff in Rosa bügeln, Vliesofix auf die Rückseiten vom gemusterten Stoff in Rosa und auf den Patch bügeln. Jeweils das Trägerpapier entfernen, ein gepunktetes Stoffquadrat bzw. den Patch links auf links auf ein gemustertes Stoffquadrat legen, zusammenbügeln und mit Satinstich an allen vier Seiten zusammennähen.

4 Dann die Box zusammennähen: Dazu die Quadrate, mit der rechten Seite nach oben, Kante an Kante legen und mit einem Zickzackstich übernähen.

5 Jetzt die Seitenkanten mit einem Zickzackstich zusammennähen.

6 Zum Schluss das Kästchen mit Dekobändern, Streuherzen und Ähnlichem verzieren.

So geht's besser: Zum Aufbügeln von Vliesofix verwenden Sie am besten Backtrennpapier, so wird ein Verschmutzen von Bügelbrett und Bügeleisen verhindert.

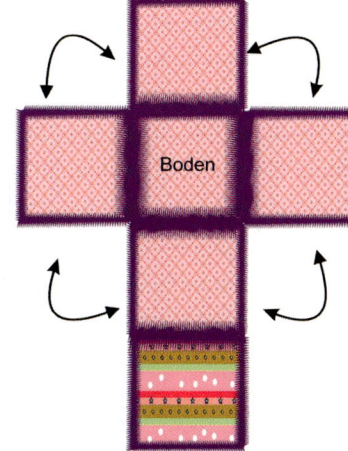

Kleiderbügel

ordentlich und dekorativ

GRÖSSE
unterschiedlich

MATERIAL
* Baumwollstoff in Rosa-Weiß kariert, Blau-Weiß kariert und geblümt, Reste
* verschiedene Dekobänder
* Volumenvlies zum Aufbügeln
* Vliesofix
* HT2 Textilkleber
* Maschinenstickgarn in Kontrastfarbe zum Bezugsstoff
* Glitzerstein zum Aufbügeln
* Kinderkleiderbügel aus Holz

VORLAGE SEITE 126

1 Die Form des Kleiderbügels auf Papier nachzeichnen und die Position des Kleiderbügelhakens markieren. Dabei der Form rundum ca. 2 cm zugeben. Den Papierschnitt ausschneiden.

2 Diesen Papierschnitt auf den doppelt gelegten Stoff legen und zuschneiden, dabei rundum noch mal 1 cm zugeben.

3 Das Volumenvlies 2x in der Stoffgröße zuschneiden und auf die beiden linken Stoffseiten bügeln.

4 Auf die Vorderseite eines Stoffteiles evtl. mittig eine Applikation (hier: Krone) aufnähen. Dazu die Vorlage mit Bleistift auf die Papierseite vom Vliesofix übertragen und großzügig ausschneiden. Die Krone auf die Vorderseite des Applikationsstoffes bügeln und exakt ausschneiden. Das Trägerpapier abziehen und die Krone aufbügeln. Mit Maschinenstickgarn und einem Zickzackstich die Krone applizieren. Die Krone mit dem Glitzerstein zum Aufbügeln verzieren.

5 Die Stoffteile für den Kleiderbügel rechts auf rechts zusammennähen, dabei die untere Kante offen lassen. Den Saum zurückschneiden, wenden und die untere Kante mit dem Matratzen- bzw. Leiterstich von Hand zusammennähen.

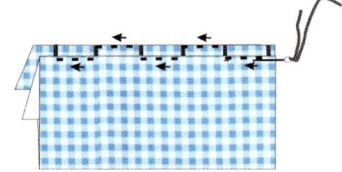

6 Den Kleiderbügelhaken vorsichtig durch den Stoff bohren und eindrehen. Zum Stoff passende Schleifen um den Haken binden. Dazu entweder Dekoband verwenden oder ein aus einem Stoffstreifen selbst genähtes Band.

Tipp: Sie können auch eine Rosette nähen (siehe Seite 25) und mit einem Blumenknopf am Bügel annähen.

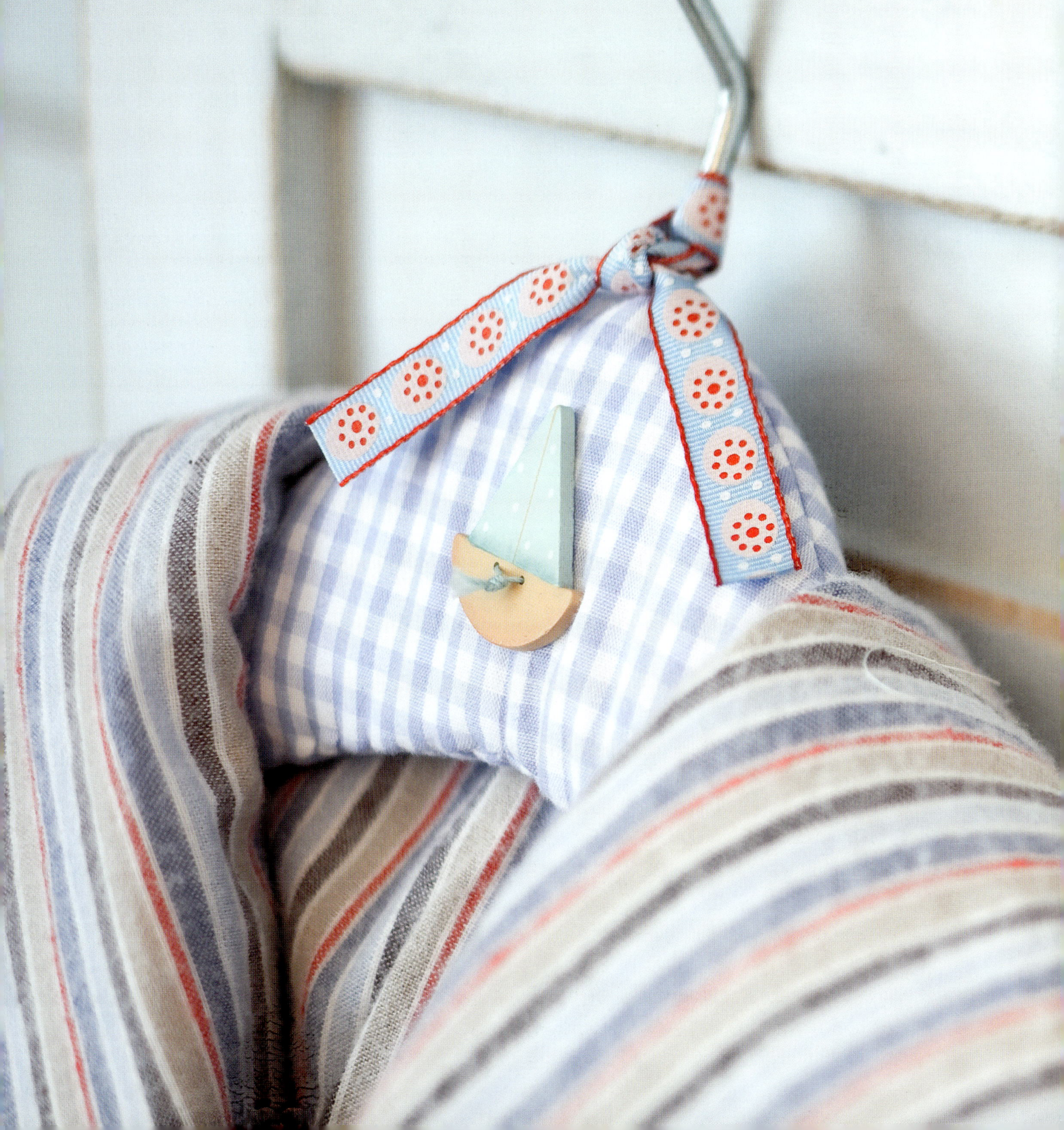

Weidenkorb mit Deckel

für Krimskrams

GRÖSSE
unterschiedlich

MATERIAL
* Baumwollstoff in Rosa-
  Weiß-Grün kariert:
  · Deckelbezug, je 2x
  · Stoffstreifen für die Binde-
    bänder: 6x 3,5 cm x 20 cm
* Weidenkorb
* Sperrholzplatte oder Pappe
* Heißkleber
* Stichsäge

1 Für den Deckel zunächst den Korb auf Pappe oder eine Sperrholzplatte stellen und die Konturen übertragen. Dementsprechend die Pappe oder das Holz zuschneiden.

2 Diesen Deckel auf den Stoff legen und zwei Stofflagen mit ringsum 1,5 cm Nahtzugabe zuschneiden. Die beiden Stoffteile rechts auf rechts legen und an drei Seiten aufeinander-nähen. Die Teile wenden, die Nahtzugaben zurückschneiden und die Kanten bügeln.

3 Die Pappe oder das Holz zwischen die beiden Stofflagen schieben und die hintere Öffnung von Hand schließen.

4 Für die Bindebänder sechs Stoffstreifen verstürzen. Zwei Streifen zu einer Hexentreppe flechten und als Schlaufe mit Heißkleber an die vordere Kante kleben. Die vier übrigen Bänder an die gegenüberliegende Seite kleben und damit den Deckel am Korb befestigen.

Kapuzentuch

kuschlig warm

GRÖSSE
140 cm x 70 cm

MATERIAL
* Frotteehand-
  tuch, 70 cm x
  140 cm
* Baumwollstoff
  mit Karomuster
  in Rosa,
  35 cm x 140 cm
  und 5 cm x 5 cm
* Baumwollstoff
  in Weiß,
  15 cm x 15 cm
* Zackenlitze
  in Weiß,
  72 cm lang
* Knopf zum
  Beziehen,
  ø 1,5 cm

1 Am Frotteetuch an einer kurzen Seite 30 cm abschneiden, die Schnittkante mit Zick-zackstich versäubern. Das Handtuch der Länge nach aufeinanderlegen, an der kurzen, abge-schnittenen Seite 1 cm breit zusammennähen.

2 Am Karostoff eine Längskante 2 cm nach links umbügeln. Die kurzen Seiten rechts auf rechts aufeinanderlegen und die jetzt zu-sammengeklappte Längskante 1 cm breit zusammennähen. Die Nahtzugabeausein-anderbügeln.

3 Die beiden Kapuzen rechts auf rechts und Naht auf Naht ineinanderstecken und an der vorderen Kante 1 cm breit zusammensteppen. Die Stoffkapuze nach außen wenden und den Saum kantig aufsteppen.

4 Die vorderen Handtuchkanten und den Kapuzenrand 5 mm breit absteppen, dabei über dem Kapuzenrand die Zackenlitze mit-nähen.

5 Für die Stoffrosette einen Kreis von ø 14 cm (doppelt so groß wie die Rosetten-größe) auf die Rückseite des weißen Stoffes zeichnen. Den Kreis ausschneiden und die Kreiskante 5 mm einschlagen. Anschließend von Hand Vorstiche mit einem doppelt genom-menen Faden durch den eingeschlagenen Saum ziehen. Den Rand zusammenziehen und mit ein paar Stichen fixieren. Den Knopf nach Herstellerangaben mit Karostoff beziehen und in die Mitte der Rosette nähen. Die Rosette mittig an den vorderen Kapuzenrand nähen.

Fähnchengirlande

lustige Deko für Garten oder Haus

GRÖSSE
ca. 500 cm x 23 cm

MATERIAL
* Baumwollstoff in Rot,
  75 cm x 23 cm
* Baumwollstoff in Rosa,
  75 cm x 23 cm
* Baumwollstoff in
  Beige-Weiß kariert,
  75 cm x 23 cm
* Baumwollstoff in
  Beige-Weiß gestreift,
  75 cm x 23 cm
* Baumwollstoff in Rot-Weiß
  kariert, 85 cm x 23 cm
* Baumwollstoff in Rot-Weiß
  gestreift, 40 cm x 23 cm
* Baumwollstoff in Rot-
  Weiß-Grün kariert,
  85 cm x 23 cm
* Baumwollstoff in Rot-
  Weiß-Grün gemustert,
  40 cm x 23 cm
* Baumwollstoff in Weiß
  mit rotem Rosenmuster,
  55 cm x 23 cm
* Baumwollstoff in Rot
  mit weißen Pünktchen,
  40 cm x 23 cm
* Nahtband in Weiß, 500 cm
* Nähgarn in Weiß und Rot

**VORLAGE
SEITE 124**

1 Die Stoffstreifen jeweils doppelt legen und in gleichschenklige Dreiecke mit den Maßen 15 cm x 23 cm unterteilen. Je zwei Dreiecke eines Stoffes rechts auf rechts aufeinanderlegen und die beiden langen Seiten zusammennähen. Die kurze Seite oben zum Wenden offen lassen, die Nahtzugabe an der Spitze bis knapp an die Naht kürzen, rundherum versäubern und die Dreiecke wenden. Mit einem stumpfen Gegenstand (Löffelstiel) die Spitze ausformen.

2 Nun die Dreiecke nebeneinander mit der kurzen Seite in das der Länge nach zur Hälfte gefaltete Nahtband legen und mit Stecknadeln fixieren.

3 Wenn alle Dreiecke in der richtigen Reihenfolge angeordnet sind, entlang der Kante des Nahtbandes steppen. An beiden Seiten etwa 50 cm Nahtband zum Binden lassen.

Badematte

toller Eyecatcher

GRÖSSE

65 cm x 50 cm

MATERIAL

* Frotteestoff in Weiß,
  65 cm x 50 cm
* Baumwollstoff mit
  Blumen in Weiß-Rosa,
  2x 12 cm x 67 cm und
  2x 12 cm x 52 cm

1 Den Frotteestoff rundum mit einem Zick-zackstich versäubern.

2 Die Stoffstreifen jeweils an einer langen Seite 1 cm breit nach links einbügeln und dann im 45°-Winkel zusammennähen. Hierzu sowohl an einem längeren als auch an einem kürzeren Streifen jeweils an der kurzen Seite einen 45°-Winkel markieren und den überstehenden Stoff abschneiden. Die Streifen mit 1 cm Naht-breite zusammennähen, dabei die umgebügel-ten Säume beim Zusammennähen mitfassen. Bei den übrigen Ecken ebenso verfahren und die Nahtzugaben auseinanderbügeln.

3 Den Streifenrand rechts auf rechts auf den Frotteestoff legen, an den Außenkanten feststecken und 1 cm breit zusammennähen. Die Ecken diagonal abschneiden, den Streifenrand nach rechts wenden und knappkantig absteppen.

4 Die fertige Badematte ist 65 cm x 50 cm groß.

Tipp: Noch romantischer und verspielter wirkt die Badematte, wenn Sie beim Auf-steppen des Streifenrandes zusätzlich Spitze oder Zackenlitze unterlegen.

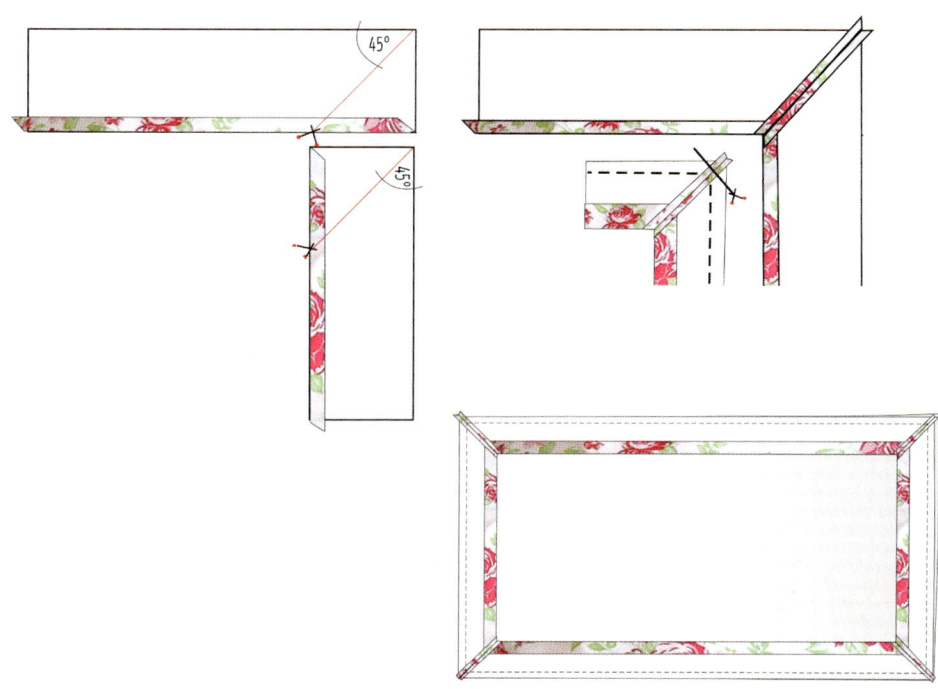

Herzbild

für ganz besondere Menschen

GRÖSSE

23 cm x 23 cm

MATERIAL

* Baumwollstoff mit Muster in Rot, 28 cm x 28 cm
* Baumwollstoff mit Blümchen in Weiß, 15 cm x 15 cm
* Baumwollstoff mit Rosen in Weiß, 5 cm x 5 cm
* Dekoband mit Karomuster in Rot, 5 mm breit, 100 cm lang
* Zackenlitze in Rot, 60 cm lang
* kleines Stoff- oder Satinröschen in Rot
* Bilderrahmen mit Papphintergrund, 23 cm x 23 cm
* zweiseitig aufbügelbares Volumenvlies, 28 cm x 28 cm
* einseitig aufbügelbares Volumenvlies, 2x 28 cm x 28 cm
* Vliesofix, 20 cm x 20 cm
* Füllwatte
* Maschinenstickgarn in Rot
* Textilkleber
* Sprühkleber

VORLAGE SEITE 121

1 Auf die Vorderseite von dem rot gemusterten Stoff eine Herzapplikation nähen. Dazu das Herz auf das Trägerpapier vom Vliesofix übertragen, großzügig ausschneiden und auf die Rückseite von dem Blümchenstoff in Weiß bügeln. Exakt ausschneiden und auf den rot gemusterten Stoff bügeln. Mit Maschinenstickgarn im Zickzackstich auf den Stoff aufnähen. Mit etwas Abstand um die Applikation in einem Blümchenzierstich ein weiteres Herz sticken.

2 Auf der Rückseite innerhalb der Herzapplikation einen 3 cm langen Schnitt machen. Dadurch das Herz mit Füllwatte ausstopfen und den Schnitt mit einem Stoffrest und Vliesofix verschließen.

3 Mittig auf dem Herz eine weitere Applikation anbringen, hierzu den Stoff mit Rosen verwenden. Daraus eine Rose ausschneiden und mit Vliesofix aufbügeln.

4 Auf die Rückseite vom rot gemusterten Stoff eine Lage zweiseitig und darüber eine Lage einseitig aufbügelbares Volumenvlies legen und zusammenbügeln. Darüber kommt eine weitere Lage einseitig aufbügelbares Volumenvlies, das mit Sprühkleber besprüht wurde. Alles mit Zickzackstich umnähen.

5 Die Pappe mit dem Stoffbild beziehen. Dazu die Bildrückseite mit Sprühkleber besprühen, die Pappe mittig aufdrücken, die überstehenden Ränder straff über die Pappe ziehen und mit Textilkleber befestigen. Das Bild im Rahmen fixieren. Dekoband und Zackenlitze zu einer Schleife binden und zusammen mit dem Stoffröschen auf das Herz kleben.

Bonbons

lustige Dekoidee

GRÖSSE
ca. 8 cm x 4 cm

MATERIAL
* verschiedene Baumwollstoffe, je mind. 10 cm x 10 cm
* schmales Satinband, Samtband oder Spitze
* Füllwatte

1 Bänder oder Spitzen an die Ränder von zwei gegenüberliegenden Stoffseiten (auf die rechte Stoffseite) nähen oder kleben.

2 Die Stoffquadrate rundum mit einem kleinen, engen Zickzackstich umnähen.

3 Den Stoff mittig zusammenklappen und rechts auf rechts legen, die Längskanten 5 mm breit zusammensteppen und wenden.

4 Eine offene Seite mit Band zubinden, das Bonbon mit Füllwatte stopfen und die andere Seite zubinden.

Kleine und
große Helfer

Träumen wir nicht alle von einem behaglichen Zuhause, einem aufgeräumten und gemütlichen Heim, in dem wir schöne Stunden im Kreis von Familie und Freunden verleben können? Da kommen kleine und größere selbstgenähte Alltagshelfer gerade recht: Sie erweisen sich nicht nur als nützliche Haushaltshilfen, sondern schaffen, in reizvollen Farben und Stoffen genäht, eine angenehm wohnliche Atmosphäre. Sie helfen beim Ordnung halten, beim Kochen und Backen und sind dabei noch wunderschön anzusehen. In diesem Kapitel finden Sie viele Ideen für praktische Kleinigkeiten, die Sie ganz einfach selber nachnähen können – vom dekorativen Tütenspender über pfiffige kleine Topfanfasser bis hin zum romantischen Kannenwärmer.

Topflappen mit Eingrifftasche

aus Jacquard-Geschirrtuch

1 Für den Topfhandschuh die Vorlage auf Schnittpapier übertragen und 2x mit einer Nahtzugabe von 1 cm aus dem Geschirrtuch und einmal aus dem Moltonstoff ausschneiden. Dabei auf das Muster des Geschirrtuchs achten. Für die obere Hälfte des Handschuhs, auf dem Schnittpapier vom untersten Punkt des Ovals 1x 8 cm und 1x 19 cm senkrecht nach oben messen, jeweils eine waagerechte Querlinie bis zum jeweiligen seitlichen Ende des Ovals einzeichnen. Nun vom linken unteren Punkt bis zum rechten oberen Punkt eine schräge Linie ziehen und entlang dieser Linie schneiden.

2 Das größere Teil des Schnittpapiers nun auf das Geschirrtuch legen. Dabei darauf achten, dass die schräge Kante des Papiers an der Geschirrtuchkante liegt und somit schon einen fertigen Abschluss hat. Dieses Teil nun mit einer Nahtzugabe von 1 cm ausschneiden. Alle Ränder bis auf die des Moltonstoffes versäubern.

3 Für den Aufhänger einen Streifen mit 12 cm x 3 cm entlang der Geschirrtuchkante abschneiden. Diesen der Länge nach 2x zur Kante hin einschlagen, umbügeln und feststeppen. Nun die Tasche links auf rechts an die unsere Rundung eines Ovals legen. Darauf nun rechts auf rechts das zweite Oval legen, auf welches wiederum das Moltonstoff-Oval gelegt wird. Danach die 3 bzw. 4 Stofflagen feststecken und 1 cm von der Kante entfernt rundherum absteppen. Am oberen Rand des Topflappens eine ca. 6 cm große Öffnung zum Wenden lassen. In die 1 cm breite Nahtzugabe alle 3 cm einen 1 cm langen Schlitz schneiden.

4 Nun den Handschuh wenden und bügeln. Die Nahtzugabe der Wendeöffnung nach innen schlagen, den Aufhänger zur Schlaufe legen und so zwischen das rückwärtige Oval und den Moltonstoff legen, dass die beiden Enden der Schlaufe im Topflappeninneren liegen. Die Öffnung per Hand schließen und den ganzen Topflappen knappkantig mit ca. 2 mm Abstand zur Kante absteppen.

5 Den zweiten Handschuh genauso arbeiten.

GRÖSSE

ca. 16 cm x 22 cm

MATERIAL

* Jacquard-Geschirrtuch in Hellgrün, 60 cm x 80 cm
* feuerfester Moltonstoff, 25 cm x 35 cm
* Nähgarn in Hellgrün

VORLAGE SEITE 121

Cupcake-Topflappen

nützliche Küchenhelfer

GRÖSSE
ca. 22 cm x 22 cm

MATERIAL
* Baumwollstoff
  mit Punkten in
  Hellgrün,
  2x 4,5 cm x 14 cm und
  2x 4,5 cm x 21 cm
* Baumwollstoff mit
  Muster in Rosa,
  24 cm x 24 cm
  und 12,5 x 4,5 cm
  (Aufhänger)
* Kreativ-Stoff zum
  Bedrucken, A4
* beidseitig auf-
  bügelbares
  Volumenvlies,
  21 cm x 21 cm
* hitzebeständiges
  Volumenvlies,
  22 cm x 22 cm
* Maschinenstickgarn
  in Rosa
* Nähgarn in
  Transparent

1 In der Materialliste ist nur das Material für einen Topflappen angegeben.

2 Auf den Kreativstoff ein 12 cm x 12 cm großes Motiv mithilfe PC und Drucker ausdrucken, dabei die Hinweise des Herstellers beachten. Ein 14 cm x 14 cm großes Quadrat, bei welchem sich das Motiv genau in der Mitte befindet, ausschneiden und das Trägerpapier abziehen.

3 Jetzt für den Topflappen die zwei kürzeren Streifen von dem hellgrünen Stoff an den beiden Seiten-rändern auf die Rückseite des Motivstoffs legen und diese jeweils 6 mm breit zusammennähen. Die Nahtzugaben zum Streifen hin bügeln.

4 Die zwei längeren Streifen auf die gleiche Art oben und unten annähen. Auch hier die Nahtzugaben zu den Streifen hin bügeln. Das Vorderteil des Topflappens ist nun ca. 21,8 cm x 21,8 cm groß.

5 Ein 22 cm x 22 cm großes Stück Volumenvlies auf die Rückseite bügeln und darüber eine Lage mit Sprühkleber besprühtes hitzebeständiges Volumenvlies. Alle drei Lagen auf 21 cm x 21 cm zurückschnei-den und mit Zickzackstich zusammennähen.

6 Den gemusterten Stoff links auf links darauf legen, sodass der Rand vom gemusterten an allen vier Seiten 1,5 cm übersteht. Das Motiv liegt oben. Im Nahtschatten zwischen Motiv und den angesetzten Streifen durch alle Lagen steppen (quilten). Dazu als Oberfaden das transparente und als Unterfaden das rosafarbene Garn verwenden, die Stichlänge beträgt 3,5 mm. Evtl. die Unterfadenspannung etwas lockern, dadurch wirkt der Stich wie handgenäht.

7 Die überstehenden Ränder von Stoff B nach rechts wenden, einschlagen und kantig aufnähen, dabei den Aufhänger mitfassen.

8 Vorher für den Aufhänger den Stoff der Länge nach mittig zur Hälfte bügeln, auseinander falten und die Längskanten zur Mittellinie hin bügeln. Den Streifen wieder zur Hälfte bügeln und rundherum ab-steppen.

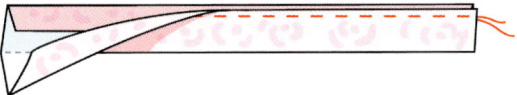

Topfanfasser

praktische Bereicherung für Küchenfeen

1 Hier werden zwei Topfanfasser gearbeitet.

2 Volumenvlies auf die Rückseite der Stoffquadrate bügeln. Einen Kreis mit ø 24 cm auf aufzeichnen (dazu evtl. einen Teller zum Kreiszeichnen verwenden) und den Kreis ausschneiden. Mit dem zweiten Stoffquadrat genauso verfahren.

3 Jetzt den Aufhänger nähen. Dazu die Längskanten des Stoffstreifens ca. 1 cm links auf links zur Mitte hin einschlagen, den Streifen der Länge nach zur Hälfte falten und rundum kantig absteppen.

4 Die beiden Kreise jeweils halbieren. Dann immer zwei unterschiedliche Stoffhalbkreise rechts auf rechts aufeinanderlegen, an der Rundung 5 mm breit zusammensteppen und die Naht auf 3 mm zurückschneiden.

5 Die Stoffteile auseinanderziehen, rechts auf rechts legen (die Nähte treffen aufeinander) und 7 mm breit zusammensteppen. Dabei den zur Hälfte gefalteten Aufhänger an der Spitze eines Stoffes mitfassen und in einem eine Wendeöffnung von ca. 5 cm offen lassen. Wenden und die Öffnung von Hand oder mit der Maschine schließen. An der unteren Kante den Innenstoff ca. 3 mm vorschieben und im Nahtschatten steppen.

6 Alternativ kann die Kante auch mit Schrägband eingefasst werden. Hierfür statt wie oben beschrieben folgendermaßen vorgehen: Je eine Längskante der Stoffhalbkreise 6 mm breit rechts auf rechts zusammennähen und evtl. einen Aufhänger in der Nahtspitze mitfassen. Die beiden Stoffhütchen ineinanderstecken, das vorgefalzte Schrägband zur Hälfte bügeln, über die untere Kante stecken und kantig aufnähen.

So geht's besser: Verwenden Sie zum Aufbügeln von Volumenvlies am besten Backtrennpapier, um ein Verschmutzen des Bügelbrettes und des Bügeleisens zu verhindern.

GRÖSSE
ca. 10 cm x 14 cm

MATERIAL

* Baumwollstoff in Hellgrün mit Punkten, Rosa mit Punkten, Hellblau mit Blümchen und in Weiß mit Muster, je 2x 25 cm x 25 cm und 2 cm x 10 cm (Aufhänger)

* einseitig aufbügelbares Volumenvlies, 2x 25 cm x 25 cm

* gefalztes Schrägband, 2 cm breit, 35 lang (zum Einfassen des Seitenrandes) bzw. 10 cm lang (als Aufhänger)

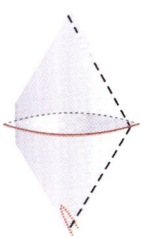

Waffelpiqué-Säckchen

edler Ordnungshüter im Bad

GRÖSSE
ca. 25 cm x 20 cm

MATERIAL
* Waffelpiqué in Weiß,
  2x 20 cm x 20 cm und
  2x 27 cm x 65 cm
* Vlieseline H 250, 2x ø 20 cm
* vorgefalztes Schrägband
  in Weiß, ca. 100 cm lang

VORLAGE SEITE 129

1 Dieses Säckchen besteht eigentlich aus zwei ineinander geschobenen Teilen, die an der oberen Kante mit Schrägband eingefasst werden.

2 Zunächst zwei Stoffkreise mit 20 cm Durchmesser zuschneiden und nach Herstellerangaben die Vlieseline aufbügeln.

3 Den Umfang der Kreise ausmessen und zwei Stoffstreifen von ca. 25 cm Höhe und der ermittelten Länge von ca. 63 cm zuschneiden. Hierbei neben den 2 cm Nahtzugabe auch einige Zentimeter Mehrweite hinzugeben.

4 Dann jeweils den Stoffstreifen rechts auf rechts an den mit Vlieseline beklebten Boden des Säckchens stecken. Beim Nähen, am Anfang der Naht, die Nahtzugabe nicht feststeppen, sondern diese 1 cm offen lassen!

5 Die Seitennaht erst nach dem Feststeppen des Bodens schließen. Die eventuell angeschnittene Mehrweite auf 1 cm zurückschneiden und die Nahtzugabe auseinanderbügeln.

6 Die beiden fertigen Teile des Säckchens links auf links ineinanderschieben und an der oberen Kante mit Schrägband einfassen. Dazu das Band um die Stoffkanten legen, die breitere Seite des Schrägbandes liegt unten. Das Band knappkantig von oben feststeppen (siehe Zeichnung Seite 129).

7 Aus Resten des Schrägbandes eine kleine Schleife binden und von Hand an das Säckchen nähen.

Tipps: Die Säckchen sehen auch in anderen Größen hübsch aus, z. B. mit einem Bodendurchmesser von 16 cm

Tischset

in frischem Grün

GRÖSSE
ca. 40 cm x 40 cm

MATERIAL
* Geschirrtuch oder Baumwollstoff in Grün kariert, 40 cm x 40 cm
* Geschirrtuch oder Baumwollstoff in Türkis, 40 cm x 40 cm
* aufbügelbares Volumenvlies, 40 cm x 40 cm

1 Zunächst das Schnittmuster aus einem großen Stück Papier herstellen. Dazu in der Mitte des Papiers einen Punkt mit Bleistift markieren. Von diesem Punkt aus mit einem Maßband ringsum kleine Markierungen im Abstand von 20 cm auf das Papier zeichnen. Diese äußeren Punkte anschließend miteinander zum Kreis verbinden.

2 Den ausgeschnittenen Papierschnitt auf die beiden Stoffe legen und ringsum mit 1 cm Nahtzugabe zuschneiden.

3 Den voluminösen Charakter erhält das Tischset durch aufgebügeltes Volumenvlies, welches auf eine Stoffhälfte gebügelt wird. Dabei bitte die aufgedruckten Herstellerangaben beachten und beim Bügeln ein Tuch darüberlegen.

4 Nachdem alle Schnittteile zugeschnitten und mit Volumenvlies verstärkt wurden, das obere und untere Teil rechts auf rechts aufeinandersteppen, dabei eine ca. 10 cm breite Öffnung zum Wenden offen lassen. Anschließend die Nahtzugaben auf ungefähr 2 mm bis 3 mm zurückschneiden, das Tischset nach rechts wenden und die Öffnung mit kleinen Stichen von Hand schließen. Die Kanten bügeln.

5 Der wattierte und voluminöse Charakter wird nochmals unterstrichen, wenn man das Tischset ringsum 1 cm breit absteppt.

Tipps: Damit die Accessoires, die aus Geschirrtüchern gearbeitet sind, bei der ersten Wäsche nicht zu sehr einlaufen, sollten Sie die Geschirrtücher unbedingt vorher waschen oder mit einem Dampfbügeleisen dämpfen. Die Tischsets bestehen aus einem karierten Stoff auf der Oberseite, die Rückseite ist einfarbig. Das hat den Vorteil, dass sie bei Bedarf einfach umgedreht werden können und so ein vollkommen neues Erscheinungsbild abgeben.

Eierwärmer

für das Frühstücksei

GRÖSSE
ca. 12 cm x 12 cm

MATERIAL
* Geschirrtuch oder Baumwollstoff in Grün gemustert, 2x 14 cm x 14 cm (Vorder- und Rückseite) und 6 cm x 3,5 cm (Aufhänger)
* aufbügelbares Volumenvlies, 2x 14 cm x 14 cm

VORLAGE
SEITE 128 + 130

1 Das Schnittmuster kopieren, ausschneiden und ringsum mit 1 cm Nahtzugabe 2x zuschneiden. Die linken Stoffseiten mit Volumenvlies bekleben. Dazu ein Bügeltuch verwenden und die aufgedruckten Herstellerangaben beachten.

2 Für den Aufhänger den Stoffstreifen an den beiden langen Seiten 1 cm nach links umbügeln, anschließend die Kanten nochmals zur Mitte falten, wieder bügeln und absteppen (siehe Zeichnung Seite 128). Das fertige Band zu einer Schlaufe falten und mittig mit Nadeln auf einer Seite des Eierwärmers feststecken.

3 Dann beide Schnittteile rechts auf rechts aufeinandersteppen, die Nahtzugaben knapp zurückschneiden und die Kante bügeln.

4 Zum Schluss die untere Kante 1 cm nach innen einschlagen und feststeppen. Diese Naht von der Innenseite des Eierwärmers her feststeppen oder gegebenenfalls von Hand nähen.

Manschette fürs Besteck

geschmackvoll

GRÖSSE
ca. 18 cm x 9 cm

MATERIAL
* Geschirrtuch oder Baumwollstoff in Grün gestreift, 20 cm x 21 cm und 2x 4 cm x 30 cm
* Vlieseline, 20 cm x 21 cm

1 Bei dünnen Stoffen empfiehlt es sich, Vlieseline auf die linke Stoffseite der Manschette zu bügeln. Dabei die aufgedruckten Herstellerangaben beachten und ein Bügeltuch benutzen.

2 Anschließend das Schnittteil an beiden langen Seiten rechts auf rechts falten und ringsum 1 cm breit aufeinandersteppen, dabei eine 5 cm bis 6 cm breite Öffnung zum Wenden offen lassen. Die Nahtzugaben auf 5 mm zurückschneiden und die Ecken schräg abschneiden. Die Manschette durch die Öffnung wenden, die Ecken mit einer stumpfen Schere vorsichtig herausdrücken und die Kanten bügeln. Die Öffnung mit einigen Handstichen schließen.

3 Nun die Bindebänder nähen und mittig an die Seiten der Manschette steppen.

Tipp: Damit der gedeckte Tisch bei einem ausgedehnten Sonntagsfrühstück auch wirklich perfekt aussieht, wurden hier Eierwärmer, Tischsets, Manschetten und auch kleine Namensschilder aus farblich aufeinander abgestimmten Stoffen genäht. Setzen Sie mit kleinen roten Vasen und frischen Blumen farbliche Akzente.

Namensschild

das Tüpfelchen auf dem „i"

GRÖSSE
ca. 7 cm x 9 cm

MATERIAL
* Geschirrtuch oder Baumwollstoff in Grün kariert, 9 cm x 11 cm
* Pappe, 7 cm x 9 cm
* Papier
* 2 verschiedene Dekobänder, jeweils 25 cm lang
* Seidenblümchen
* farbigen Filzstift
* Klebestift
* Zackenschere

1 Für die Namensschilder können sehr kleine Stoffreste verwendet werden. Zunächst die Pappe 7 cm x 9 cm groß zuschneiden.

2 Den Stoff ringsum 1 cm breiter zuschneiden und mit einem Klebestift auf die Pappe kleben. Den überstehenden Stoff an der Rückseite festkleben.

3 Mit einer Zackenschere ein kleines Stück Papier zuschneiden, beschriften und mit den verschiedenen Bändern und ein paar Heftstichen festnähen.

Tipp: Wer mag, kann die Stoffkanten auf der Rückseite mit Bändern überkleben. In dem Fall würde man etwas mehr Band benötigen.

Schürze

mit pfiffiger Bogenkante

GRÖSSE
ca. 90 cm x 120 cm

MATERIAL
* Baumwollstoff in Grün
  mit Rosen,
  90 cm x 120 cm und
  3x 3 cm x 70 cm
  (Bänder)
* Baumwollstoff in Grün
  mit Punkten,
  15 cm x 120 cm (Beleg)
  und 3x 3 cm x 70 cm
  (Bänder)
* vorgefalztes Schrägband
  mit Karomuster in Rot,
  2 cm breit, 180 cm lang

VORLAGE
SEITE 126 + 130

1 Die Belege aus der Schnittvorlage heraus-kopieren. Die Schnittmuster-Teile für die Schür-ze ebenfalls abpausen und zusammensetzen, Punkt A an Punkt A und Punkt B an Punkt B.

2 Die Schürze nach der Schnittvorlage aus dem Rosenstoff zuschneiden, die Belege aus dem gepunkteten Stoff.

3 Für die Bänder den Rosenstoff und den ge-punkteten Stoff rechts auf rechts aufeinander-legen, 5 mm breit an den Längsseiten und an einer kurzen Seite zusammennähen, wenden und ausbügeln.

4 Den Beleg rechts auf rechts an die obere Schürzenkante stecken, 1 cm breit zusammen-nähen, die Nahtzugabe auf 3 mm zurückschnei-den und wenden. Den Belegsaum 1 cm nach in-nen einschlagen und kantig aufsteppen.

5 Die gebogenen Seitenkanten der Schürze mit Schrägband einfassen, dabei auf der linken Latzseite oben eine Schlaufe bilden und auf der rechten Seite ein selbst genähtes Band annä-hen. Das Band am Latz durch die Schlaufe zie-hen und zu einer Schleife binden.

6 Die Saumkante mit dem Bogenbesatz ver-stürzen. Dazu den Besatz rechts auf rechts auf die Schürze legen, die Bögen 1 cm breit nachnä-hen, die Nahtzugabe auf 3 mm zurückschneiden und den Besatz wenden. Den Besatzsaum 1 cm einschlagen und kantig aufsteppen.

7 An den Seitennähten einen Saum nähen mit 5 mm Einschlag und 1 cm Umschlag und die seitlichen Bänder annähen.

Pinnwand

für kleine Nachrichten

GRÖSSE
ca. 40 cm x 50 cm

MATERIAL

* Baumwollstoff in Türkis,
  55 cm x 65 cm (Unter-
  grund)
* Baumwollstoffe und
  Geschirrtücher in Grün,
  unterschiedlich gemu-
  stert (Rauten)
* Volumenvlies zum Pol-
  stern, 55 cm x 65 cm
* Vliesofix, 70 cm x 80 cm
  (Rauten)
* Holzbrett, 40 cm x 50 cm
* Satinband, ca. 4 m lang
* Polsternägel oder Reiß-
  zwecken
* 2 Aufhänger
* Papier (für das
  Schnittmuster)
* Sprühkleber
* Schere
* Stecknadeln
* Geodreieck oder Lineal
* Hammer
* Bügeleisen
* Tacker
* Bohrmaschine oder
  Akkuschrauber

1 Um der Pinnwand einen voluminösen Charakter zu verleihen, zunächst Volumenvlies auf die Vorderseite des Brettes kleben. Hierzu die Holzplatte mit Sprühkleber einsprühen und das exakt zugeschnittene Volumenvlies aufkleben.

2 Vliesofix für die linke Stoffseite der verschiedenen Rauten zuschneiden.

3 Nach dem Zuschneiden das Trägerpapier abziehen und die Rauten auf den Hintergrundstoff bügeln. Mit dem Aufbügeln der Rauten exakt in der Mitte beginnen und dann nach außen vorarbeiten. An den Rändern die Rauten halbieren. Das Aufbügeln der Rauten sollte sehr sorgfältig erfolgen! Die Rauten überlappen sich dabei ca. 1 mm. Ein nochmaliges Übersteppen der Rautenkanten mit einem kleinen, dicht eingestellten Zickzackstich empfiehlt sich.

4 Wenn die gesamte Fläche des Hintergrundstoffes mit Rauten beklebt ist, den Stoff über das Holzbrett legen und auf der Rückseite festtackern. Den Stoff dabei zunächst an einer Seite befestigen und dann die gegenüberliegende Seite stramm ziehen. Bei den beiden anderen Seiten genauso vorgehen. Darauf achten, dass sich das Muster nicht verzieht.

5 Die Satinbänder ebenfalls an der Rückseite mit einem Tacker befestigen, sie verdecken die offenen Schnittkanten der Rauten. Die Bänder dafür sehr stramm, diagonal von einer Seite zur anderen, spannen und festtackern. Zuerst alle Bänder in einer Richtung anbringen, dann die Bänder in der anderen Richtung befestigen.

6 Durch die Kreuzungspunkte der Bänder Reißzwecken oder Polsternägel hämmern. An der oberen Kante der Rückseite die Aufhänger anbringen.

Tipps: Zusätzlich zu den Bändern bieten kleine Magnete, die man auf Reißnägel setzt, die Möglichkeit, Zettel oder anderen Kleinkram an der Pinnwand zu befestigen. Kleben Sie dazu auf lackierte Holz-Halbkugeln kleine, besonders starke Magnete aus dem Bastelgeschäft. Anstatt der Halbkugeln können Sie natürlich auch Streuteile nehmen, die Sie in großer Auswahl in Bastelgeschäften, Papierwarenläden oder in den Bastelabteilungen vieler Baumärkte finden.

Beim Kauf der Reißzwecken sollten Sie auf die Länge des Nagels oder Stiftes achten, er sollte lang und stabil genug sein!

Handytäschchen

mit glitzernden Steinen

1 Aus dem violetten Filzstoff zwei gleich große Teile mit 9 cm x 15 cm ausschneiden. Die Vorlage für das A auf den Filzstoff in Cyclam übertragen und ausschneiden. Danach das A auf eine Hälfte des violetten Stoffes mit Stecknadeln mittig feststecken und anschließend mit dem goldgelben Stickgarn mit Vorstichen aufnähen. Dabei immer ca. 3 mm vom Rand entfernt einstechen.

2 Danach die beiden Taschenhälften links auf links genau aufeinanderlegen, aneinanderstecken und mit dem violetten Stickgarn festnähen. Dabei darauf achten, dass auf einer Seite das Garn etwas übersteht, da hier die Wachsperlen aufgezogen werden.

3 Abschließend mit dem Schmucksteinkleber nun die Schmucksteine und Pailletten auf die Tasche kleben. Hier hilft eine Pinzette beim besseren Platzieren der Steine. An das lila Garn-Ende nun noch die Wachsperlen aufziehen und verknoten.

Tipp: Falls Sie keinen Schmucksteinkleber zur Hand haben, verwenden Sie farblosen Superkleber. Achten Sie dabei besonders darauf, dass Sie nicht zu viel Kleber auftragen.

GRÖSSE
9 cm x 15 cm

MATERIAL
* Filzstoff in Violett, 9 cm x 30 cm
* Filzstoff in Cyclam, Rest
* Stickgarn in Violett und Goldgelb
* Wachsperlen in Rosa, Weiß, Creme und Gold
* Schmucksteine in Rosa, Violett, Grün und Gold
* Pailletten in Gold
* Schmucksteinkleber

VORLAGE SEITE 126

Wäschebeutel

für kostbare Dessous

MATERIAL

* Baumwollstoff in Creme, bestickt, 100 cm x 31 cm
* Vlieseline, Reste (zur Verstärkung der Knopflöcher)
* Satinband, 5 mm breit, 2x 80 cm lang

1 Zunächst vier Knopflöcher in den Wäschebeutel einarbeiten. Dazu deren exakte Lage markieren: Die Knopflöcher liegen ca. 17 cm unterhalb der oberen Kante der schmalen Stoffseiten und jeweils ca. 2,5 cm von den Seitenkanten entfernt. Die Länge der Knopflöcher beträgt ca. 1 cm.

2 Nun die linke Stoffseite an diesen Stellen mit Vlieselineresten bekleben. Die Knopflöcher mit der Maschine einnähen.

3 Anschließend die schmalen Seiten des Wäschebeutels 10 cm nach links umbügeln. Die vorgebügelten Seiten wieder aufschlagen und die Seitennähte des Beutels rechts auf rechts aufeinandersteppen. Die Nahtzugaben auseinanderbügeln.

4 Dann die vorgebügelte obere Kante wieder nach innen einschlagen und den Tunnel für das Satinband steppen. Die beiden parallelen Stepplinien für den Tunnel müssen so breit wie die Knopflöcher sein, das heißt, dass eine Stepplinie jeweils oberhalb und die andere unterhalb der Knopflöcher verläuft.

5 Zum Schluss die beiden Satinbänder mit einer Sicherheitsnadel einziehen. Die Bänder jeweils an einer Seitennaht durch ein Knopfloch fädeln, einmal ringsum einziehen und am gegenüberliegenden Knopfloch wieder ausführen.

6 Zum Schluss jeweils den Anfang und das Ende der Satinbänder verknoten.

Waschlappen

damit wäscht man sich gerne

GRÖSSE
ca. 17 cm x 21 cm

MATERIAL
* Frottee in Creme,
  2x 19 cm x 23 cm
* Baumwollstoff in Braun-
  Grau-Creme geblümt,
  4 cm x 12 cm
  (Aufhänger) und
  21 cm x 8 cm
  (Blende)

VORLAGE SEITE 130

1 Aus Frotteeresten lässt sich schnell ein Waschlappen nähen. Hierzu die zwei Frotteestücke rechts auf rechts aufeinandersteppen, das Teil wenden und die Kanten bügeln.

2 Aus dem 4 cm x 12 cm großen Stoffstreifen ein Band herstellen und knappkantig an eine Innenseite des Waschlappens steppen (siehe Zeichnung Seite 130).

3 Nun die lange Seite des Stoffstreifens für die Blende zunächst 1 cm nach links umbügeln. Anschließend den Stoffstreifen zum Ring schließen, mit der nicht umgebügelten Seite rechts auf links in den Waschlappen schieben und an die obere Kante steppen (siehe Zeichnung Seite 130). Die Nahtzugaben zurückschneiden, den Stoffstreifen nach vorne umschlagen und die obere Kante bügeln. Die vorgebügelte Kante des Streifens mit Nadeln feststecken und knappkantig absteppen.

Tütenbeutel

praktischer Ordnungshelfer

1 Die beiden kurzen Seiten eines Geschirrtuchs rechts auf rechts aufeinanderlegen, mit Stecknadeln fixieren und zusammennähen. Die Naht versäubern, den entstanden Schlauch wenden und so legen, dass die Naht mittig im rückwärtigen Bereich des Beutels liegt.

2 Nun das Etikett fertigen. Hierzu aus dem weißen Stoff ein Rechteck mit 12 cm x 17 cm zuschneiden, die beiden kurzen Seiten rechts auf rechts aufeinanderlegen. Eine lange und eine kurze Seite mit einer Nahtzugabe von 1 cm absteppen, die dritte Seite bleibt zum Wenden offen. Das Etikett wenden, die Ecken mit einem stumpfen Gegenstand ausformen und die Nahtzugabe nach innen schlagen. Das Etikett bügeln und die Spitze mit Stecknadeln hinter das Etikett auf die vordere Seite des Beutels (ohne Naht) stecken. Beides zusammen knappkantig applizieren. Nun die Litzen und die gestreiften Bänder aufnähen und am oberen und unteren Rand jeweils einen 1,5 cm breiten Tunnel absteppen.

3 Zum Aufhängen das karierte Band links und rechts mit einem Wäscheknopf festnähen. Abschließend den Schriftzug Tüten auf das Etikett schreiben und jeweils ein 20 cm langes Gummiband in die beiden Tunnelzüge oben und unten einziehen und so festnähen, sodass sich der Stoff an den Öffnungen kräuselt. Dadurch können später die Plastiktüten nicht rausfallen.

GRÖSSE

ca. 20 cm x 50 cm

MATERIAL

* Geschirrtuch in Rot-Weiß kariert, 60 cm x 80 cm
* Baumwollstoff in Weiß, Rest
* Baumwollspitze in Weiß, Rest
* Zackenlitze in Rot, 160 cm
* Stoffband in Rot-Weiß gestreift, 1,5 cm x 160 cm
* Stoffband in Rot-Weiß kariert, 2 cm x 50 cm
* 2 Wäscheknöpfe in Weiß, ø 2 cm
* Gummiband, 1,5 cm x 40 cm
* Nähgarn in Weiß und Rot

Grillhandschuh

für heiße Töpfe und Bleche

GRÖSSE
ca. 18 cm x 28 cm

MATERIAL
* Geschirrtuch in Weiß mit rotem Karomuster, 60 cm x 80 cm (oder Geschirrtuch in Rot-Weiß-Blau kariert, 60 cm x 80 cm)
* Baumwollstoff in Rot-Weiß kariert mit kleineren Karos, Rest (oder Baumwollstoff in Rot-Weiß kariert mit größeren Karos, Rest)
* feuerfester Moltonstoff, ca. 60 cm x 80 cm
* Schnittpapier, ca. 30 cm x 40 cm
* Nähgarn in Weiß

Die Nahtzugabe ist nicht in der Vorlage enthalten!

**VORLAGE
SEITE 120**

1 Die Vorlage zweimal mit einer Nahtzugabe von 1 cm aus dem Geschirrtuchstoff ausschneiden und die Ränder versäubern. Die Vorlage mit Nahtzugabe ebenso zweimal aus dem Moltonstoff zuschneiden.

2 Aus dem rot-weiß-karierten Rest zwei ca. 8 cm x 15 cm breite Streifen abschneiden und die Ränder versäubern. Nun der Länge nach jeweils ca. 1 cm Nahtzugabe nach innen falten und von rechts feststecken. Diesen Streifen nun links auf rechts über der unteren Kante der Handform aus dem Geschirrtuchstoff feststecken und annähen (siehe Vorlage). Diesen Vorgang bei der zweiten Handschuhhälfte wiederholen. Nun eine Hälfte links auf rechts so auf den Moltonstoff legen, dass die beiden Handflächen genau übereinanderliegen und mit ein paar Heftstichen festnähen. Nun den überstehenden rot-weiß karierten Stoffstreifen um den Moltonstoff schlagen und per Hand an der Füllung festnähen. Dabei nicht zu tief stechen, die Stiche sollen außen auf dem endgültigen Handschuh nicht sichtbar sein!

3 Auch diesen Vorgang bei der zweiten Hälfte des Handschuhs wiederholen. Nun die beiden Hälften rechts auf rechts aufeinanderlegen und mit einer Nahtzugabe von ca. 1 cm aneinandernähen. Die untere, gerade Kante des Handschuhs offen lassen. Dabei darauf achten, dass auch der Moltonstoff mit festgenäht wird. Nun den Handschuh wenden und den Daumen mit einem stumpfen Gegenstand ausformen.

4 Abschließend auf dem Rest des Geschirrtuchs einen ca. 3 cm x 20 cm breiten Streifen abschneiden, der Länge nach mittig falten und an den beiden Längsseiten sowie an einer kurzen Seite zu einem Schlauch nähen. Diesen wenden und als Schlaufe innen an den Handschuh nähen. Die letzte offene kurze Seite des Schlauches hierbei mit schließen.

Teekannen-Mütze

aus Steppstoff mit Pompon-Borte

GRÖSSE
unterschiedlich

MATERIAL
* Baumwollstoff in Blau-Weiß kariert, 40 cm x 60 cm
* Steppvlies mit Diagonalmarkierung, 40 cm x 60 cm
* Pompon-Borte in Weiß, 80 cm
* Nähgarn in Weiß

1 Zunächst eine Schablone aus Papier fertigen. Dafür die zu wärmende Kanne großzügig in Länge und Höhe abmessen und rundherum 1 cm Nahtzugabe mit einrechnen. Die Tülle und der Handgriff werden nicht mit berechnet.

2 Nun den Stoff auf das Vlies stecken und auf der Vliesseite die Diagonalmarkierung nachsteppen – so entsteht auf der Baumwoll-Seite das Karo-Muster. Danach den gesteppten Stoff doppelt legen, die Umrisse der Schablone übertragen und die zwei Teile zuschneiden.

3 Nun die beiden Hälften rechts auf rechts übereinanderlegen, mit Stecknadeln fixieren und zusammennähen. Dabei auf beiden Seiten Öffnungen für Tülle und Kannengriff lassen. Die Nahtzugabe versäubern.

4 Den Kannenwärmer nun wenden und die restliche Nahtzugabe an allen Öffnungen (Tülle, Handgriff und Öffnung unten für die Kanne) nach innen schlagen und von außen einmal knappkantig absteppen. Nun an der unteren, offenen Kante im Abstand von ca. 2 cm die Pompon-Borte mit Stecknadeln feststecken und aufnähen.

5 Abschließend einen einzelnen Pompon der Borte von Hand an die obere Mitte der Mütze nähen.

Bestecktasche mit Fach für Blumen

ganz individuell

GRÖSSE
ca. 50 cm x 29 cm

MATERIAL
* Baumwollstoff in Blau
  mit Blumenmuster,
  55 cm x 75 cm
* Samtband in Hellblau,
  25 cm, 1 cm breit
* Nähgarn in Rosé

1 Aus dem geblümten Stoff ein Rechteck mit 54 cm x 74 cm zuschneiden, alle Ränder doppelt 1 cm einschlagen und knappkantig umnähen. Nun den Stoff mit der linken Seite nach oben hochkant ausbreiten und 24,5 cm von unten nach oben umklappen. Die Klappe feststecken und an einer kurzen Seite ein 25 cm langes Samtband zum Schließen der Bestecktasche zwischen die beiden Stofflagen legen. Dieses mit einnähen.

2 Nun die Klappe 1 cm vom Rand entfernt an den beiden kurzen Seiten und der langen gefalteten Seite so festnähen, dass eine Tasche entsteht.

3 Von der oberen Stoffkante 16,5 cm nach unten messen, den Stoff von dieser Linie an wieder links auf links umklappen und an den beiden kurzen Seiten feststecken. Dadurch ist die Tasche nun 50 cm breit und 29 cm hoch. Die zweite Klappe überlappt die erste und wird nun an den beiden kurzen Seiten mit 1 cm Abstand vom Rand festgenäht.

4 Abschließend in die äußere Klappe 6 Fächer einnähen. Dafür die beiden äußeren Fächer 14 cm und die inneren 4 Fächer 5 cm breit abnähen. Hierbei mit dem Messen 1 cm vom Rand entfernt an der vorher abgesteppten Naht beginnen. Bei diesen 5 kurzen Nähten darauf achten, dass nicht über das offene Ende der kurzen äußeren Klappe genäht wird.

Tischset mit praktischer Tasche

farblich aufeinander abgestimmt

GRÖSSE
46 cm x 34 cm

MATERIAL
* Baumwollstoff in Hellblau-Rosa mit Paisley-Blumen-Muster, 50 cm x 60 cm
* Baumwollstoff in Rosa-Weiß-Hellblau kariert, 50 cm x 20 cm
* Baumwollstoff in Rosa-Weiß kariert, 35 cm x 15 cm
* Stoffschleifenband in Grün-Weiß kariert, 210 cm x 3,5 cm
* Stickgarn in Hellblau

1 Aus dem geblümten und dem karierten Stoff jeweils ein Rechteck mit 48 cm x 19 cm zuschneiden. Die Ränder versäubern. Nun die beiden Rechtecke rechts auf rechts genau aufeinandenlegen, mit Stecknadeln feststecken und an einer der Längsseiten mit einer Nahtzugabe von 1 cm zusammennähen. Die Nahtzugabe ausbügeln. Aus dem geblümten Stoff ein Rechteck der Größe 48 cm x 36 cm zuschneiden. Die beiden Rechtecke nun ebenfalls rechts auf rechts genau aufeinanderlegen, feststecken und rundherum mit einer Nahtzugabe von 1 cm nähen. Dabei eine kleine Öffnung zum Wenden lassen. Das Set nun durch die Öffnung wenden und diese schließen. Danach das Tischset glatt bügeln.

2 Vom karierten Band 3x 46 cm und 2x 34 cm abschneiden. Ein langes Stück zunächst links auf links auf die Quernaht der Oberseite des Tischsets stecken, um diese zu verdecken und danach an beiden Längsseiten des Bandes knappkantig festnähen. Nun die beiden kurzen Streifen an die kurzen Ränder des Tischsets stecken und die 4 Enden jeweils so einschlagen, dass eine halbe Gehrung entsteht. Anschließend die Bänder aufnähen. Danach mit den beiden langen Bändern an den verbleibenden Längsseiten des Sets ebenso verfahren.

3 Abschließend die Bestecktasche herstellen. Hierfür aus dem rosa-weißen Karostoff ein Rechteck mit 34 cm x 12 cm zuschneiden, dieses der Breite nach doppelt links auf links legen und mit Stecknadeln feststecken. Die Tasche mit einer Nahtzugabe von je 1 cm rundherum nähen, dabei aber eine kleine Öffnung zum Wenden lassen. Nach dem Wenden die Öffnung schließen und die Tasche bügeln. Das auf diese Weise entstandene Rechteck ist jetzt bereits versäubert. An einer der kurzen Seiten knappkantig eine weiße Ziernaht aufnähen. Nun die Tasche in der unteren rechten Ecke des Tischsets so platzieren, dass die weiße Ziernaht oben und später offen ist. Danach an der unteren kurzen und den beiden langen Seiten mit hellblauem Stickgarn im Vorstich die Tasche auf das Set aufnähen.

Fürs Gäste-WC

schmucker Behälter

GRÖSSE
19 cm hoch, ø 14 cm

MATERIAL
* Baumwollstoff in Weiß,
  27 cm x 52 cm
* Baumwollstoff mit Muster
  in Rot, 27 cm x 52 cm und
  3x 17 cm x 17 cm (Boden
  und Beziehen der Pappe)
* einseitig aufbügelbares Volumenvlies, 27 cm x 52 cm und
  2x 17 cm x 17 cm
* Vliesofix, 10 cm x 10 cm
* Maschinenstickgarn in Rot
* Pappkreis, ø 14 cm
* Textilkleber

1 Aus dem weißen Baumwollstoff drei Kreise mit ø 17 cm ausschneiden.

2 Volumenvlies auf die Rückseite
des weißen Stoffes bügeln.

3 Jetzt ein Oval aus dem rot gemusterten Stoff ausschneiden und
auf den weißen Stoff applizieren.
Die Applikationsmitte sollte dabei
ca. 9 cm von der unteren Kante und
26 cm von der seitlichen Kante entfernt sein. Mit Zierstichen um die
Applikation herum eine zweite
Zierstichlinie sticken.

4 Den weißen Stoff rechts auf
rechts auf den gemusterten Stoff
legen und eine Längsseite 1 cm
breit zusammennähen. Die Naht
auseinanderbügeln.

5 Die kurzen Seiten rechts auf
rechts aufeinanderlegen und 1 cm
breit zusammenstecken. Dabei beim
gemusterten Stoff eine Wendeöffnung von ca. 10 cm offen lassen.

6 Auf die Rückseite eines der
beiden Bodenteile Volumenvlies
bügeln, die Bodenteile rechts auf
recht mit einer 1 cm breiten Naht
an den weißen und roten Stoff
nähen und den Beutel wenden.
Die Wendeöffnung schließen.

7 Das Innenfutter in den Beutel
stecken und den oberen Rand ca.
6 cm umschlagen.

8 Den Pappkreis mittig auf die
Rückseite des letzten gemusterten
Stoffkreises legen. Die überstehenden Stoffränder mit den Textilkleber auf die Papp-Rückseite kleben
und den so mit Stoff bezogenen
Pappkreis in den Stoffkorb legen.

Gästehandtuch

Ton in Ton

GRÖSSE
ca. 50 cm x 36 cm

MATERIAL
* Gästehandtuch in Weiß, ca. 30 cm x 50 cm
* verschiedene Baumwollstoffe in Rot, 2x 14 cm x Handtuchbreite + 2 cm
* Vliesofix, 10 cm x 10 cm
* wasserlösliche Folie, 20 cm x 20 cm
* Maschinenstickgarn in Rot

1 An den kurzen Seiten des Gästetuches die Saumkanten abschneiden.

2 Den Besatzstreifen an einer Längskante 1 cm nach links umbügeln. Den Streifen rechts auf rechts an das Handtuch nähen. Die Naht ausbügeln, den Besatzstreifen rechts auf rechts zur Hälfte falten, die Seitenkanten 1 cm breit zusammennähen, den Besatz verstürzen und auf der rechten Seite des Handtuches kantig aufsteppen.

3 Die Applikation aufnähen. Zusätzliche Zierränder um die Applikationen aufsticken.

4 Wird ein zusätzlicher Zierrand um die Applikation gestickt, muss eine wasserlösliche Folie verwendet werden, um ein Einsinken der Stiche in die Frotteeschlaufen zu verhindern. Dafür die wasserlösliche Folie über die Applikation legen und feststecken, sodass die Folie stramm aufliegt, den Zierrand aufsticken und die Folie hinterher einfach wieder wegziehen. Folienreste im Zierrand können mit einem angefeuchteten Wattestäbchen weggetupft werden.

Mach es dir
gemütlich

Ob Sie mit selbstgenähten Hussen Ihre Biergartengarnitur in eine festliche Tafel verwandeln oder Ihre Couch mit einer edlen Nackenrolle aus Cord bestücken – mit selbstgenähten Home-Accessoires machen Sie sich selbst und Ihren Gästen eine Freude. Im Handumdrehen sorgen flotte Kissenhüllen oder gemütliche Stoffpantoffeln aus duftigem Rosenstoff für ein wunderbar angenehmes Wohngefühl. Ein flauschiger Überzug verleiht dem Lieblingshocker neuen Pfiff. Kurzum, das Motto lautet: „Kleine Dinge, große Wirkung!" Mit ein paar schnell genähten, liebevoll dekorierten Accessoires lassen Sie Ihr Heim ganz einfach in frischem Glanz erstrahlen.

Kissenduo mit Häschenmotiv

passend zur Osterzeit

VORLAGE SEITE 125

GRÖSSE
40 cm x 40 cm

MATERIAL
* Baumwollstoff in Weiß mit roten Punkten, 42 cm x 100 cm
* Baumwollstoff in Grün-Weiß kariert, 42 cm x 100 cm
* Vliesofix, 25 cm x 80 cm
* Baumwollstoff in Grün-Weiß kariert, Rot-Weiß kariert, Rot mit weißen Punkten und Hellblau mit roten Punkten, Reste
* Schnittpapier, 20 cm x 30 cm
* Nähgarn in Weiß
* Häkelgarn in Schwarz, Rest
* 2x Kisseninlett, 40 cm x 40 cm

1 Das Hasenmotiv jeweils einmal auf die vier Baumwollstoff-Reste übertragen und ausschneiden. Das Motiv auch auf das Vliesofix übertragen und ausschneiden. Nun die Baumwollstoffhasen genau darauflegen und festbügeln. Die Hasen in Hellblau und Grün-Weiß links auf rechts auf den weißen Stoff aufbügeln. Dafür die Hasen symmetrisch, ca. 30 cm von der unteren kurzen Kante des Baumwollstoffs entfernt, auflegen und festbügeln. Die anderen beiden Hasen entsprechend auf dem Baumwollstoff in Grün-Weiß fixieren. Alle Hasen mit der Maschine mit sehr schmalem Zickzackstich in Weiß umranden. Die beiden karierten Hasen bekommen noch jeweils ein im Zickzackstich aufgesticktes Schwänzchen.

2 Die Schnurrhaare der beiden karierten Hasen mit dem Häkelgarn in Schwarz per Hand aufsticken.

3 Die Ränder des rot gepunkteten Baumwollstoffes versäubern, an den kurzen Kanten jeweils ca. 1 cm Nahtzugabe links auf links umschlagen und absteppen. Nun von der Schmalseite aus gemessen 40 cm des Baumwollstoffes ohne Hasen (die Rückseite des Kissens) rechts auf rechts umklappen und bügeln. Von der anderen Seite nun die restlichen 18 cm rechts auf rechts umschlagen und ebenfalls bügeln. Nun die 40 cm langen Seitennähte mit 1 cm Nahtzugabe schließen und die Nahtzugabe versäubern. Das Kissen durch den Hotelverschluss wenden und die Ecken mit einem stumpfen Gegenstand ausformen.

4 Mit dem grün-weißen Stoff ebenso verfahren. Die Kissenhüllen wenden und mit den Inletts stopfen.

Handtuch mit Stoffbesatz

effektvoll und doch ganz einfach

GRÖSSE
ca. 50 cm x 107 cm

MATERIAL
* Frotteehandtuch in Weiß, 50 cm x 100 cm
* Baumwollstoff mit Blumen in Weiß, 2x 16 cm x 52 cm (Besatz) und 4 cm x 18 cm (Aufhänger)

1 Den ursprünglichen Aufhänger und die kurzen Saumkanten am Handtuch wegschneiden. Dann aus dem geblümten Stoff einen neuen Aufhänger nähen. Dazu die Längskanten des Stoffstreifens links auf links ca. 1 cm einschlagen, den Streifen der Länge nach mittig zusammenfalten und absteppen.

2 Den ersten Besatzstreifen an eine kurze Seite des Handtuches 1 cm breit annähen, die linke Seite des Besatzstreifens liegt dabei oben, die seitlichen Säume sind eingeschlagen. Den Besatzstreifen wenden, knappkantig an der langen und den beiden kurzen Seiten aufsteppen, dabei den Aufhänger mittig mitfassen.

3 Da der Aufhänger nicht wie üblich an die obere Handtuchkante genäht, sondern beim Besatz mitgefasst wurde, knickt der Besatzstreifen beim Aufhängen nach vorne, deshalb muss nun der zweite Besatzstreifen folgendermaßen angenäht werden:

Kissenparade

lustig rot-weiß gepunktet

GRÖSSE
Kleine Kissen
40 cm x 40 cm

Großes Kissen
50 cm x 50 cm

MATERIAL
* Baumwollstoff in Rot
  mit weißen Pünktchen,
  45 cm x 95 cm
* Baumwollstoff in Weiß
  mit roten Punkten,
  45 cm x 95 cm
* Baumwollstoff in Rot
  mit weißen Punkten,
  60 cm x 60 cm
* Baumwollstoff in Rot
  geblümt, 60 cm x 60 cm
* Nesselstoff in Weiß,
  120 cm x 60 cm
* Reißverschluss,
  ca. 50 cm
* 3 rote Knöpfe,
  ø ca. 7 mm
* Volumenvlies,
  110 cm x 55 cm
* Handquiltgarn in Weiß
* Nähgarn in Weiß
  und Rot
* Heftgarn
* Wasserlöslicher Filzstift
* Handquiltnadel
* 2 Kisseninletts,
  40 cm x 40 cm
* 1 Kisseninlett,
  50 cm x 50 cm

Weißes Kissen

1 Aus dem weißen Stoff mit den roten Pünktchen einen Stoffstreifen von 42 cm x 95 cm ausschneiden und die Ränder versäubern. Die beiden kurzen Seiten mit je 2 cm säumen. Danach den Stoff mit der rechten Seite nach oben quer legen. Den Stoffstreifen von beiden Seiten so zur Mitte falten, dass die unterste, auf dem Tisch liegende Schicht eine Breite von 40 cm hat. Die beiden Klappen überlappen sich dadurch in der Mitte mit ca. 5 cm. Nun die beiden offenen Seitennähte zusammenstecken und mit dem weißen Nähgarn und einer Nahtzugabe von 1 cm schließen. Die Nahtzugabe versäubern, das Kissen wenden und die Ecken mit einem stumpfen Gegenstand ausformen. Abschließend das Kissen bügeln und mit dem Inlett füllen.

Kleines rotes Kissen

1 Das kleinere rote Kissen wird wie das weiße Kissen genäht. Hier müssen jedoch vorab noch 3 Knopflöcher eingearbeitet werden. Dafür von der Schmalseite des Stoffstreifens ab Saum 1,5 cm nach innen messen und auf der linken Seite des Stoffes eine Linie entlang der Schmalseite einzeichnen. Nun entlang der Linie zuerst 11 cm messen, markieren und danach noch 2x 10 cm messen und ebenfalls markieren. Bei den drei Markierungen ein Knopfloch einarbeiten. Beim Nähen des Kissens dann darauf achten, dass die Knopflochklappe nach dem Wenden außen liegt.

2 Nachdem das Kissen fertig genäht, gewendet und gebügelt ist, durch die Knopflöcher auf der inneren Klappe jeweils einen Punkt markieren, wo die Knöpfe angenäht werden sollen. Hier nun die drei Knöpfe annähen und nach dem Befüllen das Kissen schließen.

Großes Kissen

1 Hierfür aus den beiden Baumwollstoffen je ein Quadrat mit den Maßen 54 cm x 54 cm zuschneiden. Aus dem Volumenvlies ebenfalls zwei Quadrate mit den gleichen Maßen zuschneiden. Aus dem Nesselstoff zwei Quadrate mit den Maßen 60 cm x 60 cm zuschneiden. Der Rückseitenstoff muss etwas größer sein, da sich der Stoff beim Quilten zusammenzieht. Mit einem wasserlöslichen Filzstift das diagonale Quiltmuster in Linien mit einem Abstand von 5 cm auf die beiden Außen-Stoffseiten aufzeichnen.

2 Nun den Baumwollstoff mit der linken Seite auf das Volumenvlies und dieses wiederum auf die linke Seite des Nesselstoffes legen, feststecken und die drei Lagen mit Heftgarn zusammenheften. Hierbei von der Mitte nach außen arbeiten, damit Falten ausgestrichen werden. Anschließend die drei Lagen mit Handquiltgarn und der Quiltnadel, ebenfalls von innen nach außen, mit kleinen Heftstichen verbinden.

3 Nachdem beide Kissenhälften gequiltet sind, die Stoffkanten begradigen, gegebenenfalls überstehenden Rückseitenstoff zurückschneiden, die Teile rechts auf rechts übereinanderlegen, mit Stecknadeln fixieren, den Reißverschluss an einer Seite einnähen und anschließend alle Seiten schließen. Die Kissenhülle durch den Reißverschluss wenden und mit dem Inlett füllen.

Rückenlehne mit Bindeschleifen

einfach bequem

GRÖSSE
unterschiedlich

MATERIAL
* Baumwollstoff
  geblümt, 2x
  Rückenlehne und
  4x 8 cm x 45 cm
  (Bindebänder)
* Baumwollstoff
  kariert, 4x
  4cm x 45 cm
  (Bindebänder)
* aufbügelbares
  Volumenvlies,
  1x Rückenlehne
* Schaumstoff

1 Dazu den relevanten Bereich der Rückenlehne (Breite und doppelte Länge des fertigen Polsters; hier zwischen den beiden Querstreben) exakt ausmessen und ringsum jeweils 1 cm Nahtzugabe hinzurechnen.

2 Auf eines der beiden Stoffstücke dickes, aufbügelbares Volumenvlies aufbügeln. Die Kanten des Vlieses an allen Seiten ca. 1 cm überstehen lassen, damit es beim Verstürzen nochmals mitgefasst wird.

3 Die Bandhälften rechts auf rechts aufeinanderlegen und an den beiden Längsseiten sowie an einer schmalen Seite aufeinandernähen. Die Nahtzugaben zurückschneiden, die Streifen wenden (mithilfe eines Kochlöffels) und die Kanten bügeln.

Für jedes Band wird ein Streifen geblümter und ein Streifen karierter Stoff benötigt.

4 Vor dem Verstürzen der beiden Rückenpolsterteile die Binderbänder feststecken. Dann das vordere und hintere Rückenlehnenteil rechts auf rechts aufeinandersteppen, dabei eine ca. 10 cm große Öffnung zum Wenden offen lassen. Nach dem Nähen die Nahtzugaben auf 5 mm zurückschneiden, die Ecken schräg abschneiden und das Teil wenden. Die Ecken vorsichtig mit einer Schere herausdrücken, die Kanten bügeln, das Schaumstoffpolster hineinstecken und die Öffnung mit einigen Stichen von Hand zunähen.

5 Das Polster mit den zu Schleifen gebundenen Bindebändern am Stuhl befestigen.

Sitzkissen

weich gepolstert

GRÖSSE
unterschiedlich

MATERIAL
* Baumwollstoff
  geblümt, 1x Sitz-
  kissen-Vorderteil und
  4x 8 cm x 45 cm
  (Bindebänder)
* Baumwollstoff kariert,
  1x Sitzkissen-Rückteil
  und 4x 8 cm x 45 cm
  (Bindebänder)
* Sitzkissen-Inlett
  (z. B. Schaumstoff-
  platte oder fertiges
  Sitzkissen)

1 Für das Sitzkissen benötigt man eine Schaum-
stoffplatte oder ein fertiges Sitzkissen, welches etwa
genauso groß ist wie die Sitzfläche des Stuhls.

2 Die beiden Sitzkissen-Stoffteile ebenso groß wie
das Schaumstoffteil zuschneiden, jedoch ringsum 1 cm
Nahtzugabe hinzugeben. Bei sehr dickem Schaumstoff
eventuell noch einen weiteren Zentimeter für die Höhe
des Kissens hinzugeben.

3 Die vier Bindebänder wie bei der Rückenlehne
beschrieben arbeiten und beim Verstürzen mitfassen.
Die Position der Bänder durch Anstecken mit Nadeln
an das Sitzkissen ermitteln, sie ist abhängig von der
Stuhlform.

4 Beim Verstürzen wie bei der Rückenlehne beschrieben vorgehen. Nach dem Nähen die Teile wenden, die Kanten bügeln, das Sitzkissen einlegen und
die Öffnung von Hand schließen.

Nackenrolle

mit feinem Cordsamtbezug

GRÖSSE
ca. 50 cm x 20 cm

MATERIAL

* Feincordstoff in Rot,
  76 cm x 80 cm

* Kordel, 1 cm x 125 cm

* Reißverschluss in Rot,
  50 cm

* 2 Knöpfe zum Beziehen,
  ø 2,5 cm

* Nähgarn in Rot

* Sternzwirn

* Sicherheitsnadel

* Nackenrolle,
  50 cm x 20 cm

1 Die Nahtzugabe von ca. 1 cm ist bereits in den Maßen enthalten.

2 Aus dem Cordstoff ein Rechteck mit 76 cm x 65 cm ausschneiden.

3 Die Ränder des Cordstoffrechtecks versäubern und mit der linken Seite nach oben legen. Nun die beiden Schmalkanten des Stoffes jeweils 12 cm einklappen, sodass ein Rechteck von 52 cm x 65 cm entsteht. Hier nun auf beiden eingeklappten Seiten jeweils einen 1 cm breiten Tunnel abnähen. Hierdurch eine Kordel mithilfe einer Sicherheitsnadel einziehen und die Enden mit kleinen Stichen am Cordstoff festnähen, damit die Kordel nicht verrutschen kann. Die beiden eingeklappten Seiten wieder aufklappen. Nun den Stoff der Länge nach rechts auf rechts falten und zwischen den beiden Tunneln einen 50 cm langen Reißverschluss einnähen. Die restliche Naht vor und nach dem Reißverschluss schließen.

4 Den Stoffschlauch nun wenden und die Nackenrolle einziehen. Die offenen Enden des Schlauches mit dem Sternzwirn im engen Heftstich einkräuseln.

5 Die beiden Knöpfe mit dem restlichen Cordstoff beziehen und jeweils seitlich in der Mitte der Nackenrolle festnähen.

Sitzwürfel

auch als Couchtisch verwendbar

GRÖSSE
60 cm x 60 cm x
60 cm

MATERIAL
* Grober Wollstoff
  in Hellgrün,
  62 cm x 124 cm
* Grober Wollstoff
  in Graublau,
  62 cm x 124 cm
* Grober Wollstoff
  in Hellgrau,
  62 cm x 62 cm
* Nähgarn in Grau
  und Hellgrün
* Häkelgarn in Natur
* Sitzhocker,
  60 cm x 60 cm x
  60 cm

1 Für den Hocker an den grünen Quadraten jeweils auf einer Seite 1 cm nach links umschlagen und mit dem hellgrünen Nähgarn festnähen. Dies bei den beiden grauen Quadraten mit dem grauen Garn wiederholen.

2 Nun ein grünes und ein graues Quadrat links auf links aufeinanderlegen. Dabei darauf achten, dass die abgesteppten Nähte direkt übereinanderliegen. Nun die Quadrate mit dem Überwendlichstich und dem Häkelgarn an einer Seite aneinandernähen. Darauf achten, dass beim Überwendlichstich immer ca. 1 cm in die Fläche eingestochen wird, sodass eine schöne gleichmäßige Ziernaht entsteht. Dies mit den restlichen 3 Quadraten wiederholen, bis ein quadratischer Tunnel entsteht. Dabei darauf achten, dass sich die Farben abwechseln.

3 Abschließend noch das graue Quadrat als „Deckel" ebenfalls mit Festonstich (siehe Seite 119) oben an den Tunnel nähen.

Schlafmaske aus Rosenstoff

süße Träume

GRÖSSE

ca. 19 cm x 11 cm

MATERIAL

* Baumwollstoff in Türkis mit Rosenmuster, 20 cm x 30 cm
* Futterseide in Türkis, 10 cm x 25 cm
* Steppvlies, 10 cm x 25 cm
* Gummiband, 2 cm x 25 cm
* Nähgarn in Türkis

VORLAGE SEITE 124

Die Nahtzugabe ist nicht in der Vorlage enthalten!

1 Die Vorlage auf den Stoff mit Rosenmuster übertragen und mit einer Nahtzugabe von 1 cm entsprechend zuschneiden. Mit der Futterseide und dem Steppvlies ebenso verfahren. Den Rosenstoff rechts auf rechts genau auf den Futterstoff legen. Das Vlies auf die linke Seite des Rosenstoffs legen und alles mit Stecknadeln fixieren. Nun mit einer Nahtzugabe von 1 cm festnähen. An beiden Seiten, wo später das Band festgenäht wird, eine ca. 4 cm große Öffnung lassen. Die Nahtzugabe versäubern und die Maske durch eine der Öffnungen wenden.

2 Aus dem restlichen Rosenstoff einen Schlauch nähen. Dafür einen 6 cm breiten und 30 cm langen Streifen Stoff zuschneiden, an der Längsseite rechts auf rechts mittig falten und mit einer Nahtzugabe von 1 cm zusammennähen. Den Schlauch wenden, das Gummiband durch den Schlauch ziehen und an den kurzen Seiten feststeppen. Dabei wellt sich der Stoff, weil das Gummiband kürzer als der Schlauch ist. Anschließend das Band in die Öffnungen der Maske stecken, fixieren und feststeppen.

Gestreiftes **Kissen**

für gemütliche Stunden

GRÖSSE
40 cm x 40 cm

MATERIAL
* Baumwollstoff i n Hellblau
  gestreift, 42 cm x 42 cm
  (Rückseite), 4x 12 cm x 42 cm
  (Vorderseite) und
  3x 3,5 cm x 42 cm
  (Paspelstreifen)
* Nähgarn in Hellblau oder Weiß
* Kisseninlett,
  40 cm x 40 cm

VORLAGE SEITE 129

1   Beim Zuschnitt der vorderen Kissenteile den Streifenverlauf beachten. Zwei Schnittteile verlaufen in waagerechter, zwei Schnitteile in senkrechtem Musterverlauf. Die Paspelstreifen so zuschneiden, dass sie schräg zur Stoffkante verlaufen.

2   Zunächst die Paspelstreifen links auf links aufeinanderbügeln (siehe Zeichnung Seite 129). Dann eine fertige Paspel auf ein vorderes Kissenteil steppen, die offenen Kanten liegen übereinander. Die Nahtbreite beträgt ca. 2 mm bis 3 mm. Darüber das zweite, vordere Kissenteil legen, die rechten Stoffseiten liegen aufeinander. Alle Teile 1 cm breit aufeinandersteppen.

3   Nach dem Nähen das zweite Kissenteil nach vorne umschlagen und die Naht bügeln. So bei allen Teilen des vorderen Kissenteils vorgehen.

4   Nach Fertigstellung der vorderen Bezugsseite die Vorder- und Rückseite rechts auf rechts aufeinandersteppen, dabei eine 20 cm breite Öffnung zum Wenden offen lassen. Anschließend den Bezug wenden, die Ecken mit einer Schere herausdrücken und die Kanten bügeln. Das Inlett in den Bezug stecken und die Öffnung von Hand schließen.

Kissen mit seitlichen Knopfleisten

passend zur Bettwäsche

GRÖSSE
80 cm x 40 cm

MATERIAL
* Baumwollstoff in Hellblau gemustert, 2x 42 cm 106 cm
* 10 Knöpfe, ø 2 cm
* Kisseninlett, 80 cm x 40 cm
* Nähgarn in Hellblau

1 Die schmalen Seiten an beiden Kissenteilen zunächst 1 cm, anschließend nochmals 6 cm nach links umbügeln.

2 Diese vorgebügelten Kanten wieder aufklappen, die beiden Kissenteile entlang der langen Seiten rechts auf rechts aufeinandersteppen und die Nahtzugaben vorsichtig auseinander bügeln.

3 Dann die vorgebügelten Kanten wieder nach innen einschlagen, mit Nadeln fixieren und knappkantig feststeppen. Auf beiden Seiten der Vorderseite mit einem speziellen Knopfloch-füßchen jeweils fünf Knopflöcher parallel zur äußeren Kante einarbeiten. Anschließend die Knöpfe annähen und das Kissen-Inlett hineinstecken.

Tipp: Den Abstand von Knöpfen an einer Knopfleiste ermitteln Sie folgendermaßen: Zunächst die Strecke ausmessen, in die die Knopflöcher eingenäht werden sollen. Dann die Länge der Knopflöcher festlegen (auf die Knopfgröße abgestimmt). Die Knopflochgröße mit der Anzahl der Knöpfe multiplizieren. Diesen Wert ziehen Sie nun von der ausgemessenen Gesamtstrecke ab. Das Ergebnis wird durch die Anzahl der Knöpfe + 1 dividiert, denn bei fünf Knöpfen haben Sie sechs Abstände, nämlich zwei seitliche und vier zwischen den Knöpfen. Dieser Wert, den Sie nun errechnet haben, ist der Abstand der Knöpfe zueinander.

Gartenstuhlauflage

in bunte Streifen

GRÖSSE
ca. 32 cm x 80 cm

MATERIAL
* Baumwollstoff gestreift,
  2x 47 cm x 36 cm
  (Rückenlehne),
  72 cm x 36 cm
  (Sitzkissen) und
  8x 4 cm x 40 cm
  (Bindebänder)
* dickes, aufbügelbares
  Volumenvlies,
  2x 49 cm x 38 cm
  (Rückenlehne) und
  74 cm x 38 cm
  (Sitzkissen)

VORLAGE SEITE 128

1 Diese Auflage besteht aus einem Rückenlehnenteil und einem Sitzkissenteil. Diese werden zunächst separat genäht und anschließend durch eine Naht miteinander verbunden. Das Streifenmuster verläuft einmal in waagerechter und einmal in senkrechter Richtung. Das Kissen wird durch zwei seitliche Schleifen und durch zwei Schleifen an der oberen Kante des Rückenlehnenteils festgebunden.

2 Die Bänder folgendermaßen nähen: Zunächst eine schmale Seite 1 cm breit nach links umbügeln. Anschließend die beiden langen Seiten ebenfalls 1 cm nach links umbügeln. Den Stoffstreifen zur Mitte falten und die Kanten knappkantig aufeinandersteppen (siehe Zeichnung Seite 128).

3 Anschließend die übrigen Schnittteile mit Volumenvlies bekleben. Dieses ringsum ca. 1 cm breiter zuschneiden, damit es beim Verstürzen mitgefasst wird.

4 Nach dem Aufbügeln das große Schnittteil für die Sitzfläche rechts auf rechts aufeinanderlegen, mit Nadeln feststecken und die Seitennähte steppen. Die hintere Kante bleibt zum Wenden offen! Nach dem Steppen die Nahtzugaben an den Seitennähten knapp zurückschneiden, die Ecken schräg abschneiden und das Sitzkissen wenden. Die Ecken an der vorderen Kante vorsichtig mit einer Schere herausdrücken und bügeln. Die hintere, offene Kante nun knappkantig (2 mm bis 3 mm breit) aufeinandersteppen.

5 Nun das Rückenlehnenteil nähen. Auch hier die Schnittteile zunächst mit Volumenvlies bekleben. Dann bei einem der beiden Schnittteile vier Bänder an der oberen Kante feststecken. Dabei liegen immer zwei Bänder übereinander, der Abstand zu den Außenkanten beträgt 7 cm.

6 Dann die Vorder- und Rückseite des Rückenteilpolsters rechts auf rechts aufeinanderstecken, die Bänder liegen innen. Die beiden Schnittteile an den beiden Seiten sowie an der oberen Kante aufeinander steppen. Die Nahtzugaben zurückschneiden, die Ecken schräg abschneiden, die Schnittteile wenden und die Kanten bügeln. Die offene Kante wieder knappkantig aufeinandersteppen.

7 Zum Schluss das Rückenlehnenteil und das Sitzkissenteil aneinandersteppen. Die Naht bügeln. Jeweils zwei Bänder links und rechts an die Nahtzugaben der Teilungsnaht nähen.

Tischläufer

fröhlich bunt

GRÖSSE

ca. 50 cm x 138 cm

MATERIAL

* Baumwollstoff in Bunt gestreift, 55 cm x 140 cm
* Nähgarn in Gelb

1 Mit einem Geodreieck die doppelte Saumbreite, 10 cm, anzeichnen. Den Saum bis zur angezeichneten Linie links auf links bügeln. Die diagonale Linie laut Zeichnung mit Schneiderkreide oder einem Bleistift anzeichnen. Das Schnittteil rechts auf rechts falten, die diagonale Linie aufeinanderstecken und festnähen. Die Spitze bis auf 5 mm abschneiden und auseinanderbügeln. Die abgesteppte Briefecke wenden, die Ecke vorsichtig mit einer Schere herausdrücken und nochmals von links bügeln.

2 Dann den Saum von der rechten Seite ringsum mit Nadeln feststecken und mit einem Zickzackstich oder einem anderen Zierstich etwa 4 cm breit absteppen.

Tipps: Wem Briefecken zu aufwendig sind oder zu kompliziert erscheinen, der kann den Saum natürlich auch nur 2 cm breit anschneiden, dann zweimal nach links einschlagen und feststeppen.

Einfarbige Tischläufer lassen sich durch das Aufsteppen von farbigen Bändern und Litzen aufpeppen.

Rosa **Karohussen**

mit Herz für eine Biergarten-Garnitur

GRÖSSE
Tischhusse
ca. 220 cm x 50 cm

Bankhusse
ca. 220 cm x 28 cm

Kissen
ca. 37 cm x 37 cm

MATERIAL
* Baumwollstoff in Rot-Weiß kariert, 160 cm x 620 cm
* Filzstoff in Rosa, 40 cm x 100 cm
* Zackenlitze in Weiß, 800 cm
* 34 Wäscheknöpfe in Weiß, ø 2 cm
* Nähgarn in Weiß
* Füllwatte

VORLAGE SEITE 122

Tischhusse

1 Aus dem rot-weiß karierten Baumwollstoff ein Rechteck mit 138 cm x 306 cm zuschneiden und daraus aus allen vier Ecken des Rechtecks je ein Quadrat von 37,5 cm x 37,5 cm ausschneiden. Die entstandenen Kanten rechts auf rechts legen, mit 1 cm Nahtzugabe absteppen und so die Ecken schließen. Nun die Ecken versäubern und die Husse wenden.

2 Den Saum 2 cm doppelt einschlagen und absteppen. Die Zackenlitze mit 10 cm Abstand von der Tischkante mit Stecknadeln fixieren und rundum aufsteppen.

Bankhusse

1 Aus dem rot-weiß karierten Stoff ein Rechteck mit den Maßen 116 cm x 310 cm zuschneiden und aus allen vier Ecken des Rechecks je ein Quadrat von 39 cm x 39 cm ausschneiden. Wie bei der Tischhusse die Ecken schließen. Auch hier die Ecken versäubern und die Husse wenden. Den Saum 2 cm doppelt einschlagen und absteppen.

Kissen

1 Für die Kissen jeweils zwei Quadrate 39 cm x 39 cm vom Rest der Bankhusse verwenden. Auf der rechten Seite eines der beiden Quadrate ca. 6 cm parallel zum Rand die weiße Zackenlitze aufnähen. Nun beide Quadrate rechts auf rechts legen und rundum mit 1 cm Zugabe zusammennähen. Dabei auf einer Seite einen 10 cm langen Schlitz zum Wenden offen lassen. Anschließend die Ränder versäubern und das Kissen wenden. Nun das Kissen mit Füllwatte befüllen und die Öffnung per Hand schließen.

Fertigstellen

Für die Filzherzen die Vorlage 34x auf den rosa Filzstoff übertragen und mit einer Zackenschere ausschneiden. Die Herzen auf die Kissen, alle Seiten der Tischdecke und die Außenseiten der Bänke gleichmäßig verteilen und mit jeweils einem weißen Wäscheknopf aufnähen.

Hausschuhe

hübsch zum Verschenken

GRÖSSE
ca. 37

MATERIAL
* Waffelpiquée in Weiß,
  2x 35 cm x 20 cm
* Baumwollstoff mit
  Blumen in Hellblau, 4x
  35 cm x 20 cm (2x für
  die Sohle, 2x für das
  Schuh-Oberteil)
* Futtertaft in Pink,
  25 cm x 25 cm (für
  Applikation)
* Rastervlies zum
  Wattieren, 2x
  35 cm x 20 cm
* doppelseitig aufbügel-
  bare Vlieseline, 2x
  17 cm x 15 cm
* Stickvlies zum Auf-
  bügeln, extra stark,
  2x 35 cm x 20 cm
* hitzebeständiges
  Volumenvlies,
  2x 35 cm x 20 cm
* Volumenvlies,
  2x 35 cm x 20 cm
* Vliesofix, 3x
  25 cm x 25 cm
* wasserlösliches
  Stickvlies,
  25 cm x 25 cm
* Maschinenstickgarn
  in Pink und Hellblau

VORLAGEN
SEITE 123

1 Zwei gegengleiche Sohlen und Oberteile nach Schnittvorlage zuschneiden. Ggf. den Schnitt der gewünschten Fußgröße anpassen.

2 Jede Sohle aus Waffelpiquée, dem gemusterten Stoff, hitzebeständigen Volumenvlies, Volumenvlies und dem Stickvlies zuschneiden. Das Stickvlies muss dabei 1 cm kleiner zugeschnitten werden als die übrigen Sohlenteile. Die Schuh-Oberteile jeweils einmal im Stoffbruch zuschneiden und einmal aus doppelseitig aufbügelbarer Vlieseline.

3 Die gecrashten Herzapplikationen wie bei der Wäschetasche beschrieben (siehe Seite 102) herstellen.

4 Die Oberteile auseinanderfalten und jeweils eine Herzapplikation aufnähen. Links auf links wieder zusammenfalten, dabei doppelseitig aufbügelbare Vlieseline dazwischenschieben und zusammenbügeln. Die Bruchkante schmalkantig mit Maschinenstickgarn absteppen.

5 Auf die Rückseite des geblümten Sohlenstoffes Rastervlies aufbügeln und wattieren. Dazu Maschinenstickgarn in Hellblau in die Nähmaschine mit Ober- und Unterfaden einfädeln.

6 Die Rückseite des Oberteils auf die rechte Seite der wattierten Sohle stecken und an beiden Seiten ca. 6 cm auf die Sohle nähen, Nahtbreite 5 mm. Die Rundung bleibt zum Wenden offen.

7 Stickvlies auf die Rückseite des Waffelpiquées aufbügeln. Dabei darauf achten, dass zwei gegengleiche Sohlen entstehen. Auf den so verstärkten Waffelpiquée eine Lage Volumenvlies und eine Lage hitzebeständiges Volumenvlies legen und alle drei Lagen 5 mm breit zusammennähen.

8 Die wattierte Sohle und die Waffelpiquéesohle rechts auf rechts aufeinanderlegen, 6 mm breit zusammennähen und die obere Rundung wieder zum Wenden offen lassen. Die Nahtzugabe nur an der Fersenrundung auf 3 mm zurückschneiden.

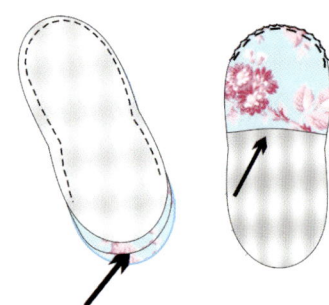

9 Den Schuh zwischen wattierter Sohle und Schuhoberteil wenden, die Rundung zunähen (Nahtbreite 6 mm) und die Nahtzugabe auf 3 mm zurückschneiden. Mit Zickzackstich versäubern und die Fußkappe zurückwenden.

Tipp: Passendes Schuhsäckchen: Wenn Sie die Hausschuhe verschenken wollen, nähen Sie am besten noch ein passendes Schuhsäckchen.
Das sieht besonders hübsch aus, wenn Sie dieses im harmonischen Mustermix arbeiten.

Von Taschen
und Beuteln

Eines ist sicher: Von Taschen und Beuteln kann man einfach nicht genug haben. Was lässt sich nicht alles darin transportieren, verstauen, sortieren und aufbewahren! Ob klein, groß, rundlich, schmal, breit, mit oder ohne Klappe, mit langem Träger oder kurzen Henkeln – die Variationsmöglichkeiten sind unbegrenzt und für jeden Zweck gibt es die richtige Tasche. Lassen Sie sich inspirieren von den in diesem Kapitel vorgestellten Modellen, die vom praktischen Stiftemäppchen über nostalgische Duftsäckchen bis hin zum modischen Shopper im Marine-Look reichen.

Kleine **Duftsäckchen**

mit Potpourri befüllt

GRÖSSE
10 cm x 15 cm

MATERIAL

* Halbleinenstoff in Rot-Weiß gestreift, 12 cm x 32 cm

* Halbleinenstoff in Blau-Weiß gestreift, 12 cm x 32 cm

* Geschenkband in Rosa, 1 cm x 50 cm

* Nähgarn in Weiß

* Duft-Potpourri aus getrockneten Blütenblättern

1 Aus dem jeweiligen Stoff ein Rechteck von 10 cm x 30 cm mit einer Nahtzugabe von je 1 cm ausschneiden und die Ränder versäubern. Danach den Stoff so mittig rechts auf rechts falten, dass die spätere untere Seite des Säckchens geschlossen ist. Die Nahtzugabe abstecken und versäubern, dann die beiden seitlichen Nähte schließen. Das Säckchen wenden und mit einem stumpfen Gegenstand (Löffelstiel) die Ecken ausformen.

2 Den oberen Rand ca. 2 cm nach innen schlagen, das Säckchen mit dem Potpourri befüllen. Abschließend mit dem 25 cm langen Geschenkband zubinden.

Tipp: Kleine Duftsäckchen eignen sich hervorragend als Mitbringsel für die beste Freundin. Sie können auch anstelle des Potpourris kleine verpackte Bonbons in die Säckchen füllen und verschenken. Oder Sie nähen 24 Säckchen und verwenden sie als Adventskalender.

Wäschetasche

für empfindliche Stücke

GRÖSSE
ca. 30 cm x 18 cm

MATERIAL

* Baumwollstoff in Hellblau mit Blumen, 50 cm x 35 cm (Außenseite), 6 cm x 40 cm und 6 cm x 47 cm (Bänder)
* Baumwollstoff in Hellblau mit Pünktchen, 50 cm x 35 cm (Innenseite)
* dünner Futtertaft in Pink, 25 cm x 25 cm (Applikation)
* Zackenlitze in Rosa, 35 cm lang
* Rastervlies, 50 cm x 35 cm
* Vliesofix, 2x 35 cm x 35 cm
* wasserlösliches Stickvlies
* Stickeinlage, 20 cm x 20 cm
* Maschinenstickgarn in Pink und Hellblau

VORLAGE SEITE 127

1 Die Stoffe wie auf der Vorlage gezeigt zuschneiden, die Nahtzugabe von 1 cm ringsum ist hierin bereits enthalten.

2 Rastervlies zuschneiden, auf die Rückseite des Innenseitenstoffes bügeln und den Stoff entlang des Rasters im Steppstich wattieren. Dafür die Nähmaschine mit hellblauem Maschinenstickgarn in Ober- und Unterfaden einfädeln.

3 Zwei Bindebänder nähen. Dazu jeweils die langen Seiten und eine kurze Seite 1 cm breit zusammennähen und anschließend wenden. Vom längeren Band für den Verschlussriegel 7 cm abschneiden.

4 Für die Applikation wird der Stoff gecrasht. Dazu auf die linke Seite vom Applikationsstoff zwei Lagen Vliesofix ohne Trägerpapier legen und darüber das wasserlösliches Stickvlies. Alle vier Seiten feststecken, dann das gesamte Stoffteil parallel in Reihen mit ca. 1 cm Abstand steppen. Nach dem Zusammensteppen die Kanten gleichmäßig abschneiden, das Bügeleisen auf Dampf einstellen und über die Vlies-

seite der Stepperei halten. Das Soluvlies zieht sich zusammen, der Stoff wird dadurch gecrasht. Achtung, das Bügeleisen soll den Stoff dabei nicht berühren.

5 Nach dem Crashen den Stoff ca. 30 Minuten liegen lassen, damit die Haftmasse sich gut festigen kann. Danach den Stoff ca. 20 Minuten in warmes Wasser legen. Dabei löst sich das wasserlösliche Stickvlies auf. Mehrmals ausspülen und trocknen lassen.

6 Die Herzform auf Vliesofix übertragen, großzügig ausschneiden und auf die Rückseite des Applikationsstoffes aufbügeln. Das Herz ausschneiden, das Trägerpapier abziehen und das Herz auf die rechte Seite der Taschenklappe vom Blumenstoff aufbügeln. Dabei zeigt die Herzspitze zur Rundung, die Motivmitte ist ca. 6 cm von der Klappenrundung entfernt. Das Herz im Satinstich mit Maschinenstickgarn applizieren, dabei zur Stabilisierung die Stickeinlage unterlegen.

7 An den kurzen, geraden Kanten vom geblümten und gepunkteten Stoff einen 1 cm breiten Umschlag zur Rückseite hin umbügeln. Die beiden Stoffe rechts auf rechts legen und die Rundung der Taschenklappe 1 cm breit bis zu den Markierungspunkten zusammensteppen, dabei die Bindebänder mittig der Rundung mitfassen. Die Naht auf 3 mm zurückschneiden,

die Ecken an den Markierungspunkten einknipsen (d. h. bis knapp vor die Naht einschneiden) und wenden.

8 Sowohl am geblümten als auch am gepunkteten Stoff die untere Taschenhälften 18 cm umklappen, jeweils rechts auf rechts, und

alle vier Lagen an beiden Seiten 1 cm breit zusammennähen. Dabei den eingebügelten Umschlag mitfassen. Von der Stoffoberseite her wenden.

9 Die eingeschlagene Saumkanten knappkantig gegeneinandersteppen, dabei die Zackenlitze mitfassen. Den Riegel ca. 1,5 cm unterhalb der Klappe annähen.

Rote **Tupfentasche**

für den Einkauf

GRÖSSE

ca. 30 cm x 40 cm

MATERIAL

* Baumwollstoff in Beige, 50 cm x 105 cm
* Baumwollstoff in Rot-Weiß gestreift, 35 cm x 35 cm
* Baumwollstoff in Rot mit weißen Punkten, 35 cm x 35 cm
* Baumwollstoff mit Blümchenmuster, 35 cm x 35 cm
* Baumwollstoff in Pink mit roten Punkten, 20 cm x 20 cm
* Vliesofix

VORLAGE SEITE 127

Die Nahtzugabe ist in den Maßen enthalten!

1 Aus dem Baumwollstoff in Beige ein Rechteck mit 42 cm x 90 cm zuschneiden. Die beiden kurzen Seiten des Rechtecks säumen. Dafür die Kanten doppelt 2,5 cm zur linken Seite umbügeln, mit Stecknadeln fixieren und zusammensteppen.

2 Nun die Vorlage für die Kreise je siebenmal auf die bunten Baumwollstoffe und das Vliesofix übertragen, die Teile zuschneiden und die Stoffkreise jeweils mit Vliesofix hinterbügeln. Drei der Kreise jeweils entsprechend der Taschenkante in zwei Hälften teilen und die Kreise und Kreishälften unregelmäßig auf der späteren Vorder- und Rückseite der Tasche verteilen und aufbügeln.

3 Jetzt das Rechteck in der Mitte rechts auf rechts falten und die beiden Seiten im Abstand von 1 cm zur Stoffkante zusammensteppen. Anschließend die Nahtzugabe versäubern und den entstandenen Beutel wenden.

4 Für die Henkel zwei Stoffstreifen mit den Maßen 45 cm x 7 cm zuschneiden, beidseitig jeweils an der Längsseite 1 cm auf die linke Seite umbügeln, die Streifen jeweils einmal längs in der Mitte links auf links falten und knappkantig zusammensteppen. Die Henkelenden jeweils 2,5 cm doppelt umschlagen, bügeln, an der Innenseite des Taschensaums im Abstand von je 10 cm zur Außenseite der Tasche mit Stecknadeln fixieren und feststeppen. Für mehr Stabilität ein Quadrat aufsteppen und jeweils diagonal von einer zur anderen Ecke steppen.

Tipp: Wenn Sie für die Tasche einen dünnen Baumwollstoff verwenden, sollten Sie Ihre Tasche für mehr Stabilität mit Nesselstoff unterfüttern. Dafür schneiden Sie ein zweites Rechteck mit den oben genannten Maßen zu und nähen die Tasche mit doppelter Stofflage aus Baumwoll- und Nesselstoff.

Umhängetasche aus Teddy-Stoff

mit glitzerndem Filzherz

GRÖSSE

ca. 37 cm x 28 cm

MATERIAL

* Teddystoff in Weiß,
  40 cm x 100 cm

* Baumwollstoff in Rosa-Weiß
  kariert, 40 cm x 100 cm

* Filzstoff in Rot, Rest

* Taschengurtband in Weiß,
  5 cm x 100 cm

* 3 Herzknöpfe in Rot, ø 2 cm

* Druckknopf, ø 1,5 cm

* Wachsperlen und Rocailleperlen in Perlmutt, Rosa, Rot
  und Gold

* Nähgarn in Weiß und Rot

* Nylonfaden, ca. 25 cm

VORLAGE SEITE 122

Die Nahtzugabe ist nicht in den Maßen enthalten!

1 Aus dem Teddystoff ein Rechteck mit 28 cm x 67 cm mit jeweils 1 cm Nahtzugabe schneiden. Nun an beiden Längsseiten des Stoffes 4 cm nach innen messen und von einer Schmalseite ausgehend jeweils einen 24 cm langen Streifen abschneiden. Dieser schmälere Teil wird mit 23 cm x 25 cm später die Klappe der Tasche. Mit dem Baumwollstoff ebenso verfahren.

2 Nun den unteren, breiteren Teil des Schnittteils rechts auf rechts nach oben bis an den schmäleren Klappenbeginn falten und links und rechts mit 1 cm Nahtzugabe abnähen. Mit der Hand in der noch verkehrten Tasche den Boden etwas auseinanderdrücken. Dadurch ergibt sich am unteren Ende der Seitennaht eine Spitze. Die Spitze zusammendrücken und mittig von der Seitennaht aus 4 cm nach links bzw. rechts messen und absteppen. Das überstehende Dreieck abschneiden und den Rand versäubern. Beim Wenden entsteht so der Taschenboden. Das Futter aus dem Baumwollstoff ebenso nähen. Nun die beiden Taschenklappen rechts auf rechts aufeinanderlegen und mit 1 cm Abstand zusammennähen. Die Klappe wenden und das Taschenfutter in die Tasche stecken.

3 Die seitlichen Taschenkanten und die Futterkante jeweils 1 cm nach innen falten und die beiden Kanten aufeinandersteppen. Hierbei seitlich den Trägergurt mitfassen. Abschließend ein Herz aus dem roten Filz ausschneiden und mit dem roten Nähgarn auf die Taschenklappe nähen.

4 Das Herz mit den Wachsperlen besticken, an die Innenseite der Klappe einen Druckkopf nähen. Das Gegenstück auf die Vorderseite der Tasche nähen. Außen auf die Klappe und auf die Taschenseiten noch einen Herzknopf aufnähen. Rocailleperlen auf den Nylonfaden fädeln, bis eine ca. 20 cm lange Perlenschnur entsteht. Diese an beiden Enden fest verknoten und auf das Herz aufnähen.

Gestreifte **Sommertasche**

mit Perlenband

GRÖSSE
ca. 35 cm x 35 cm

MATERIAL
* Baumwollstoff in Blau-Weiß
  breit gestreift, 40 cm x 80 cm
* Baumwollstoff in Blau-Weiß
  schmal gestreift, 40 cm x 80 cm
* zwei runde Holz-Taschenbügel,
  ø 17 cm
* weiße Indianerperlen
* dünnes Häkelgarn in Weiß

VORLAGE
SEITE 122 + 123

1 Die Stoffe jeweils doppelt legen (Streifen in Längsrichtung), die Vorlage übertragen und zuschneiden. Mit dem Futterstoff genauso verfahren, die Streifen verlaufen hier allerdings in Querrichtung. Zweimal die Blende aus dem Außenstoff zuschneiden.

2 Beide Außenstoffteile rechts auf rechts legen und mit Stecknadeln fixieren. Die beiden Seiten- und die untere Naht mit 1 cm Nahtzugabe schließen. Die Nahtzugabe versäubern. Nun für die unteren Ecken die Tasche ca. 7 cm breit quer zur Seitennaht abnähen, damit die Tasche mehr Volumen bekommt. Die Innentasche ebenso nähen. Den Außenbeutel wenden.

3 Um die beiden Taschenbeutel miteinander zu verbinden, den Futterbeutel, der auf „links" ist, komplett über den Außenbeutel ziehen und jeweils an den Schrägen mit Stecknadeln aneinanderstecken. Die beiden Schrägen mit 1 cm Nahtzugabe schließen und die Nahtzugabe versäubern. Nun den Beutel durch eine der beiden halbrunden Öffnungen wenden. Anschließend den Futterbeutel nach innen stülpen.

4 Jetzt die beiden Blenden jeweils rechts auf rechts genau an die beiden oberen Rundungen der Außentasche legen. Mit 1 cm Nahtzugabe feststecken und annähen. Die Nahtzugabe versäubern und dann alle 2 cm ein wenig einschneiden, damit sich keine Falten in der Rundung bilden. Die Blenden aufklappen und nach innen in die Tasche einschlagen. Die beiden runden Bügel unter die angenähten Blenden schieben und diese von außen feststecken. Mit dem Häkelgarn ca. 2 cm unterhalb der Naht bzw. kurz unterhalb des Bügels von Hand abnähen. Dabei bei jedem Stich jeweils zwei weiße Indianerperlen auffädeln und aufnähen, sodass die untere Blendennaht durch eine weiße Zierperlenschnur verdeckt wird.

Wäscheständer

für die Schmutzwäsche

GRÖSSE
ca. 50 cm x 90 cm

MATERIAL
* Baumwollstoff in Creme-Braun mit Blumenmuster, 2x 36 cm x 53 cm (Seitenteile), 40 cm x 140 cm (Mittelteil), 2x 40 cm x 20 cm (Beleg) und 8 cm x 94 cm (Band)
* Wäscheständer
* 4 Knöpfe
* Tasse oder Glas

VORLAGE SEITE 125

1 Die beiden Seitenteile zuschneiden, dabei jeweils die unteren Kanten abrunden. Hierzu eine Tasse oder ein Glas zur Hilfe nehmen.

2 Dann jeweils die obere Kante zunächst 1 cm, anschließend nochmals 11 cm nach links umbügeln und knappkantig feststeppen.

3 Die beiden Schnitteile rechts auf rechts an das Mittelteil nähen. Dazu jeweils die Mittellinien der einzelnen Teile markieren und diese dann ringsum aneinandersteppen. Die Nahtzugaben zu einer Seite bügeln.

4 Nun auf den Belegen die Aussparungen für den Griff anzeichnen. Die gegenüberliegende Stoffkante 1 cm nach links umbügeln. Dann die Belege am Mittelteil feststecken.

5 Mit dem Nähen am letzten Stich der Seitennaht beginnen und auf der gegenüberliegenden Seite wieder am letzten Stich enden. Dann die Nahtzugaben auf 2 mm zurückschneiden, die Ecken schräg abschneiden, die Belege wenden und die Kanten bügeln. Die offenen Kanten des Belegs entlang der Teilungsnaht nach links einschlagen und mit kleinen Handstichen von Hand festnähen. Diesen Bereich nochmals mit der Maschine übersteppen. Dann die bereits vorgebügelte Kante des Belegs ebenfalls knappkantig feststeppen.

6 Anschließend die Knopflöcher mittig, ca. 1,5 cm von der oberen Kante entfernt, schräg in die Belege einarbeiten. Die Knöpfe werden 12 cm unterhalb der Belegkante festgenäht.

7 Damit der Ständer nicht zusammenbricht, wird zwischen die beiden unteren Streben ein Band gespannt, die fertige Bandlänge beträgt 90 cm.

Tipp: Den Wäscheständer gibt es bereits fertig zu kaufen. Durch einen schönen Stoff wird dieses Teil jedoch zum nützlichen „Hingucker" für Ihr Badezimmer. Kaufen Sie sich ein fertiges Gestell und nähen Sie dafür einen neuen Sack.

Federmäppchen aus Wachstuch

für die Schultasche

GRÖSSE

22 cm x 29 cm

MATERIAL

* Wachstuch in Hellblau mit Punkten, 24 cm x 31 cm
* Baumwollstoff in Braun-Beige gestreift, 24 cm x 31 cm
* Klettband, 21 cm lang
* Nähgarn in Weiß

1 An einer Schmalseite des Baumwollstoffes eine Hälfte des Klettbands mit 3 cm Abstand zur Kante so platzieren und aufnähen, dass am Anfang und Ende des Bandes noch ca. 1,5 cm Stoff überstehen.

2 Nun das Wachstuch und den Baumwollstoff rechts auf rechts aufeinanderlegen. Die Stoffe mit 1 cm Nahtzugabe an drei Seiten aufeinandersteppen, dabei eine Schmalseite zum Wenden offen lassen. Nun die Tasche wenden und an der offenen Seite die Nahtzugabe 1 cm nach innen schlagen. Beide Schmalseiten nun knappkantig absteppen. Danach die zweite Hälfte des Klettbandes knappkantig auf die andere Schmalseite des Wachstuches aufnähen. Nun diese Seite 12 cm nach innen schlagen und die beiden Seitennähte knappkantig abnähen.

Handwärmer in flauschigen Säckchen

nie mehr steife Finger

GRÖSSE
ca. 9 cm x 12 cm

MATERIAL
* 2 Taschenwärmer,
  ca. 8 cm x 10 cm
* Bastelfilz in Weiß,
  10 cm x 14 cm
* Bastelfilz in Hellblau,
  10 cm x 14 cm
* Geschenkband in Orange-Weiß
  kariert, 30 cm
* Geschenkband in Rosa-Weiß
  kariert, 30 cm
* dünne Kordel in Silber, 20 cm
* je 1 Holzperle in Rot und Pink,
  Durchmesser ca. 1 cm
* Nähgarn in Weiß

1 Je ein weißes und ein blaues Stück Bastelfilz aufeinanderlegen und knappkantig mit kleinen Stichen per Hand zusammennähen. Dabei die schmale obere Kante offen lassen. Das Säckchen wenden und den Taschenwärmer hineinstecken. Nun die Eingriffkante 1 cm breit nach innen schlagen und mit kleinen Steppstichen per Hand festnähen. Dabei den Faden etwas fester spannen und den Stoff ein wenig einkräuseln, damit der Taschenwärmer nicht herausfallen kann.

2 Aus dem Geschenkband eine kleine Schlaufe legen und diese zur Dekoration so an einer Ecke des Täschchens festnähen, dass die beiden langen Enden frei herabhängen. Eine Holzperle auf 10 cm der Silberkordel fädeln und diese dann an das Geschenkband knoten.

Grund-
anleitung

Viele in diesem Buch gezeigten Modelle sind sehr einfach und auch für ungeübte Näherinnen leicht nachzuarbeiten. Manche Modelle verlangen einige Grundkenntnisse, die in diesem Kapitel vermittelt werden. So wird beispielsweise erklärt, wie ein Schnittmuster übertragen und angefertigt wird, oder was beim Applizieren zu beachten ist. Auch der eine oder andere Nähstich, der immer wieder bei verschiedenen Modellen benötigt wird, ist hier beschrieben. Zusätzlich finden sich hier auch noch tolle Zierstiche, mit denen die kleinen Nähideen bei Bedarf noch verschönert werden können.

Mit diesem Wissen sind Sie bestens gerüstet für jedes Modell. Viel Spaß beim Nacharbeiten!

Grundanleitung

Materialauflistung

Zu jedem Modell gibt es eine Materialauflistung. Hier finden Sie alle Informationen bezüglich der benötigten Materialien und Arbeitsmittel. Bei manchen Modellen, wie zum Beispiel bei Sitzkissen von Stühlen, Kannenwärmern oder Ähnlichem, werden Sie keine Bemaßungen finden. Hier müssen Sie den Stoffzuschnitt individuell auf Ihre Gegebenheiten abstimmen. Die Auflistung ist sehr detailliert, in manchen Fällen können Sie auch improvisieren und gewisse Materialien, wie zum Beispiel spezielle Klebstoffe, durch „Ersatzmaterialien" ersetzen. Alle genauen Maßangaben für Stoffe enthalten bereits 1 cm Nahtzugabe. Das heißt, dass alle Stoffe mit einer Nahtbreite von 1 cm zusammengenäht werden.

Anleitungen

In den Anleitungen wird Schritt für Schritt erklärt, wie Sie vorgehen sollten. Es ist sinnvoll, alle Arbeitsschritte in der vorgeschlagenen Reihenfolge „abzuarbeiten", denn nur so können Fehler vermieden werden. Bei der Verarbeitung von Stoffen sollten in den meisten Fällen alle Kanten, die später sichtbar sind, mit einem Zickzackstich umstochen werden. Das verhindert ein Ausfransen der Stoffe.

Schnitte übertragen und anfertigen

Alle Schnittmusterteile auf Seidenpapier oder Kopierfolie übertragen und ausschneiden. Mit Hilfe von Stecknadeln auf die Rückseite (linke Seite) der Stoffe stecken. Dabei ggf. auf den Fadenlauf (= Webrichtung; auf dem Schnittmuster mit einem Pfeil gekennzeichnet) achten. Alle Teile mit einer Nahtzugabe ausschneiden. Die Nahtzugabe beträgt, wenn nicht anders angegeben, 1 cm. Dabei darauf achten, dass Teile, die nicht symmetrisch sind und zweimal ausgeschnitten werden müssen, wie z. B. Vorderteil oder Rückteil (wenn sie aus zwei Teilen bestehen), immer auch gegengleich, also spiegelverkehrt, ausgeschnitten werden müssen. Bei den Teilen, bei denen ein Stoffbruch auf dem Schnitt vermerkt ist, wird wie folgt verfahren: Den Stoff rechts auf rechts falten, sodass der Stoffbruch in Fadenlaufrichtung (= Webrichtung) verläuft. Das Schnittteil mit der gestrichelten Stoffbruch-Kante auf die tatsächliche Stoffbruchkante des Stoffs legen. Wie vorher beschrieben, mit Nahtzugabe ausschneiden.

Kanten mit Schrägband versäubern

Um ein Schrägband anzunähen, legen Sie die Kanten der Teile, die zusammen versäubert werden sollen, passgenau aufeinander. Ca. 0,5 cm breit zusammensteppen, damit nichts mehr verrutschen kann. Eine Seite des Schrägbandes auf der rechten Seite des Modells auf die zu versäubernden Kanten legen und in der Bügelkante feststeppen. Das

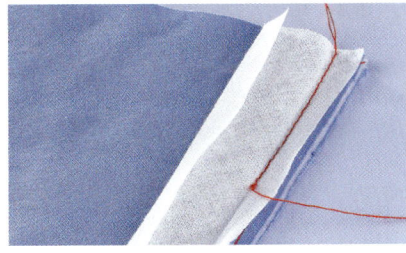

Schrägband über die zu versäubernden Kanten schlagen und auf der Rückseite des Modells mit der Nähmaschine oder von Hand festnähen. An sichtbaren Ecken oder Enden darauf achten, dass die Enden des Schrägbandes vor dem Festnähen auf der linken Seite des Modells nach innen geschlagen werden müssen.

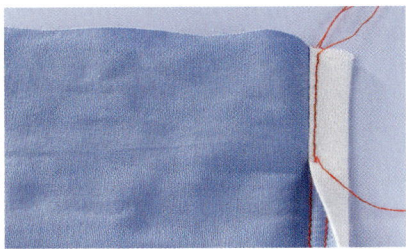

Applikationen

Vlies aufbügeln und Motiv übertragen

Beim Applizieren mit Vliesofix wird durch das beidseitig aufbügelbare Vlies das Verrutschen des zu fixierenden Teiles verhindert. So entstehen beim Festnähen keine Falten. Dafür das Vliesofix mit der Papierseite nach oben auf die Rückseite des Stoffes legen und aufbügeln. Bei Stoffen, die nicht aus 100 % Baumwolle (Fleece, eventuell Nicki usw.) bestehen, am besten ein dünnes Tuch zwischen Stoff/Vliesofix und das Bügeleisen legen, damit die Stoffe nicht am Bügeleisen haften bleiben. Das Schnittmuster der zu applizierenden Teile auf das Papier des Vliesofix übertragen. Dabei beachten, dass die Schnittteile spiegelverkehrt aufgezeichnet werden müssen. Wenn nicht anders angegeben, die Teile ohne Nahtzugabe zuschneiden.

Absteppen von Nähten

Durch das Absteppen einer Naht auf der Vorderseite (rechten Seite) eines Modells wird diese besonders betont und die Nahtzugabe auf der Innenseite (linken Seite) fixiert. Dafür wird die Nahtzugabe, wenn nicht anders angegeben, zuerst auf ca. 0,5 cm zurückgeschnitten, mit Zick-Zack-Stich versäubert, nach oben geschlagen und von der rechten Seite knappkantig (ca. 0,5 cm breit) festgesteppt.

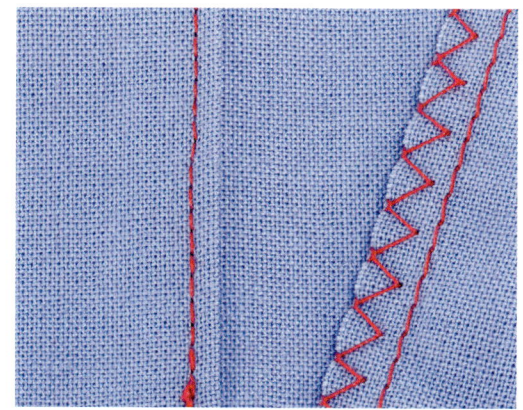

Einfacher Saum

Dafür wird die Abschlusskante mit Zick-Zack-Stich versäubert, einmal um die Breite des Saumes nach innen umgeschlagen und festgesteppt.

Doppelter Saum

Offene Abschlusskanten können mit einem doppelten Saum versäubert werden. Dafür wird 2x nacheinander die gleiche Breite, z. B. 2 cm nach innen eingeschlagen und knapp an der Kante auf der inneren Seite festgesteppt.

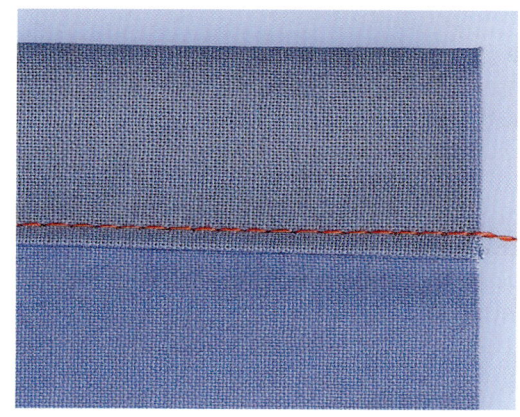

VORSTICH

Von rechts nach links sticken. Am Beginn einer Konturlinie ausstechen, * auf der Kontur ca. 3 mm weitergehen und einstechen. Dann auf der Rückseite ca. 2-3 mm weitergehen und auf der Kontur wieder ausstechen. Den Vorgang ab * stets wiederholen, bis die gesamte Konturlinie überstickt ist.

PLATTSTICH

Plattstiche werden gerne zum Füllen von Flächen verwendet. Auf der Konturlinie oder knapp außerhalb ausstechen, den Faden über die zu füllende Fläche führen und auf der Konturlinie oder knapp außerhalb wieder einstechen. Die Stiche gleichmäßig dicht nebeneinander sticken.

SPANNSTICH

Einzelne Spannstiche durch eine Linie oder zwei Punkte markieren. Dann am 1. Punkt oder am Beginn der Linie ausstechen und am 2. Punkt oder am Ende der Linie wieder einstechen. Den Faden anziehen.

STIELSTICH

Von links nach rechts sticken. Am Beginn einer Konturlinie ausstechen, * auf der Kontur eine entsprechende Stichlänge (ca. 6-8 mm) weitergehen, knapp rechts neben der Konturlinie einstechen und auf der Rückseite die halbe Stichlänge der Vorderseite zurückgehend knapp links neben der Konturlinie wieder ausstechen. Den Vorgang ab * stets wiederholen, bis die gesamte Konturlinie überstickt ist.

MARGERITEN-STICH

Die Margeritenstiche sind einzeln gestickte Kettenstiche, die sehr gerne für kleine Blümchen verwendet werden. Im Blütenmittelpunkt aus- und knapp neben der Ausstichstelle wieder einstechen. Eine entsprechende Stichlänge weitergehend ausstechen und den Faden wie bei den Kettenstichen zur Schlinge anziehen. Den Arbeitsfaden über die Schlinge führen, einstechen und den Faden anziehen.

FESTONSTICH

Dieser Stich versäubert und verziert Stoffkanten. In ca. 5 mm von der Kante entfernt durch den Stoff stechen und die Nadel immer oberhalb der entstehenden Schlinge führen.

KNÖTCHENSTICH

An der entsprechenden Stelle, an der das Knötchen liegen soll, ausstechen. Den Faden zwei- bis dreimal um die Nadel wickeln und knapp neben der Ausstichstelle wieder einstechen. Die Wicklungen um die Nadel gleichmäßig locker anziehen, sodass diese an der Einstichstelle auf dem Stoff liegen. Dann den Faden durch die Wicklungen ziehen und das Knötchen vorsichtig anziehen.

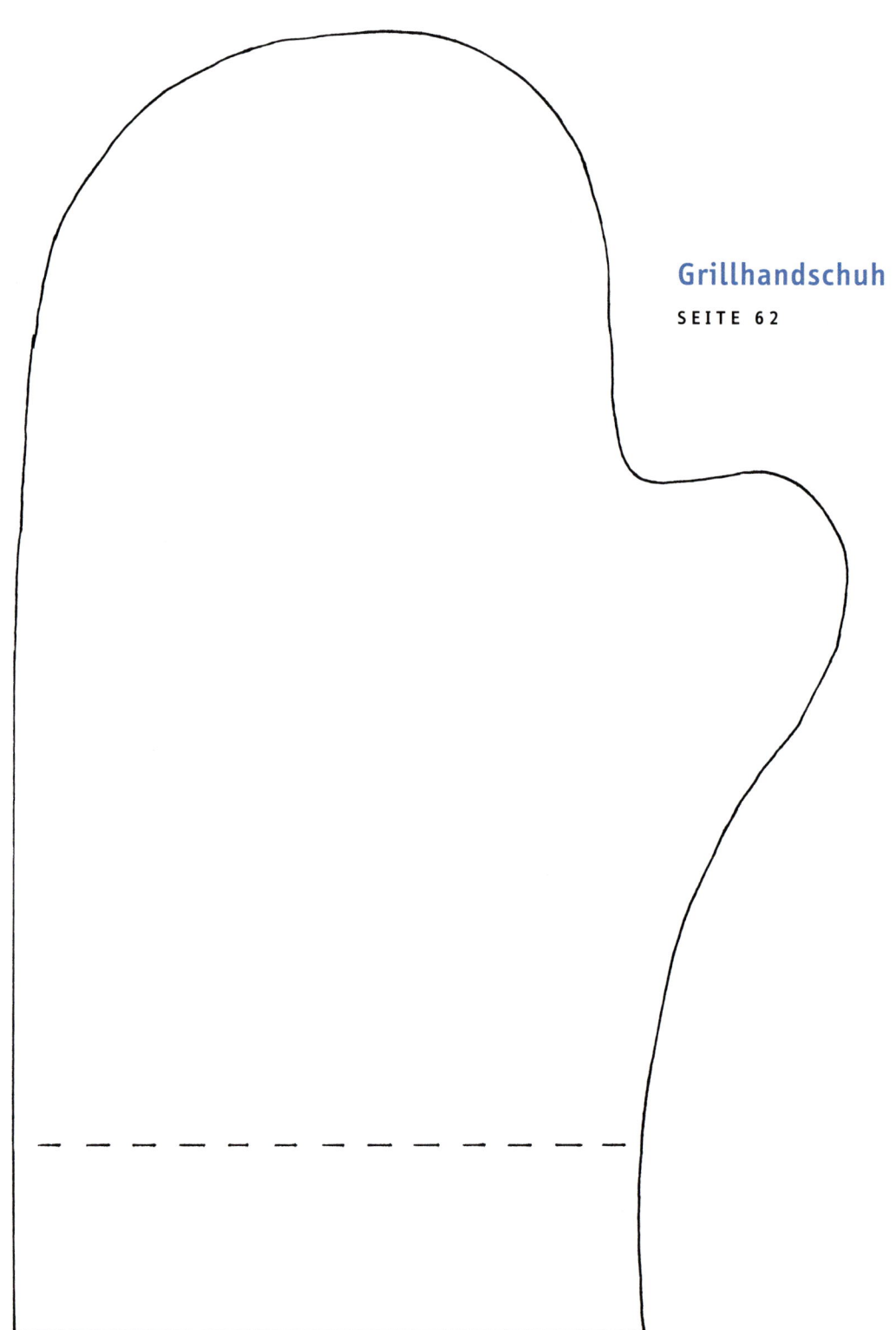

Grillhandschuh

SEITE 62

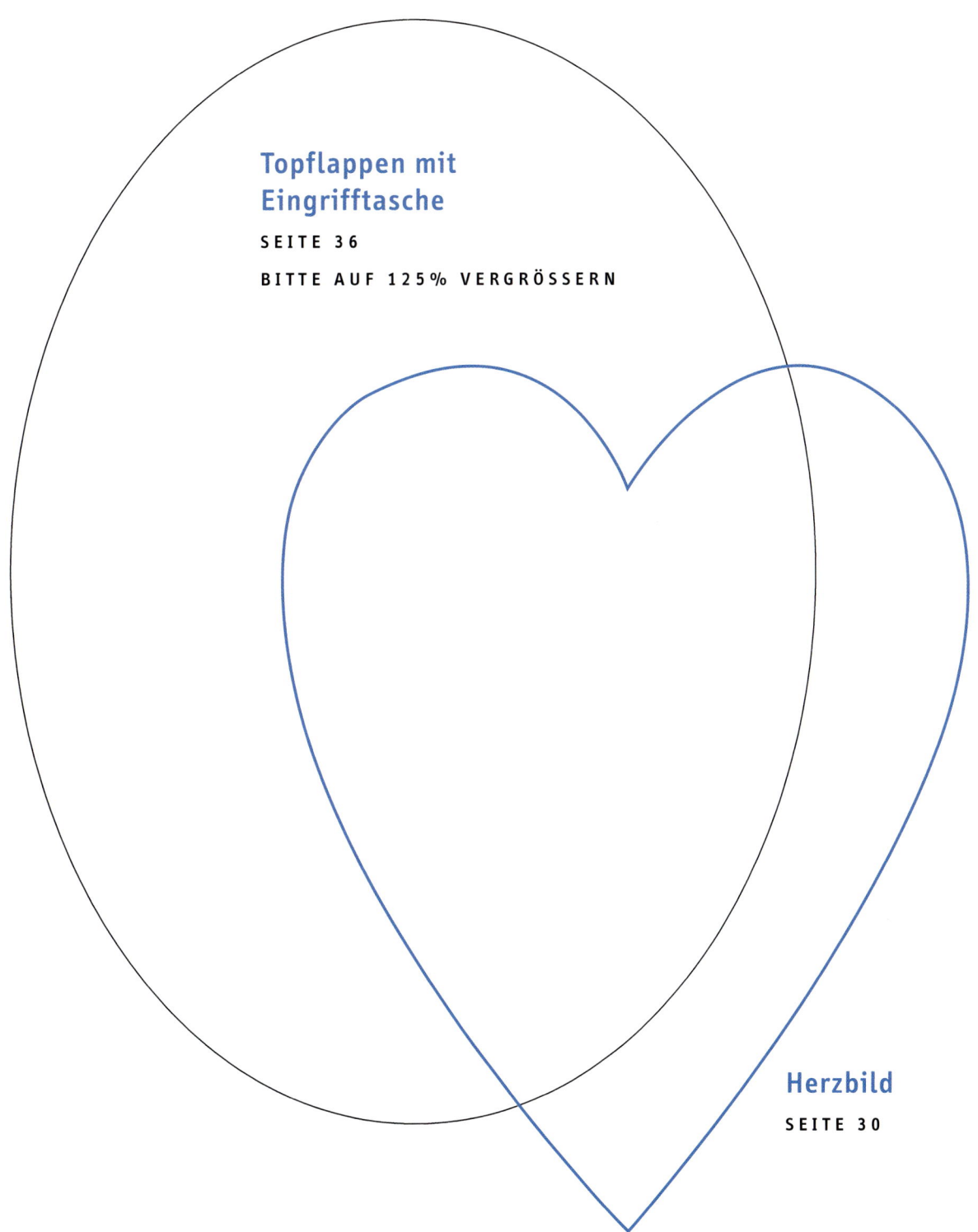

Topflappen mit Eingrifftasche

SEITE 36

BITTE AUF 125% VERGRÖSSERN

Herzbild

SEITE 30

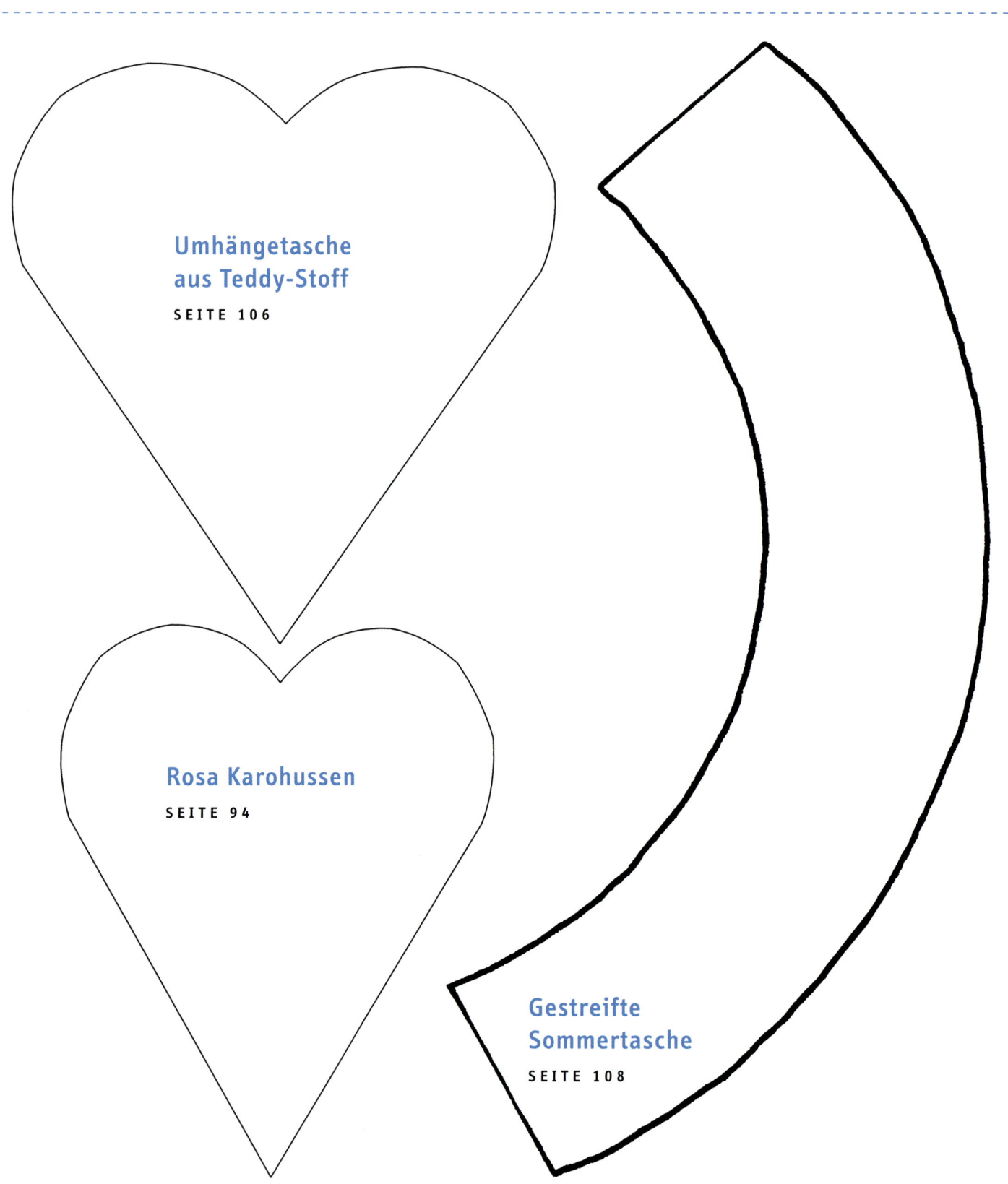

Umhängetasche aus Teddy-Stoff

SEITE 106

Rosa Karohussen

SEITE 94

Gestreifte Sommertasche

SEITE 108

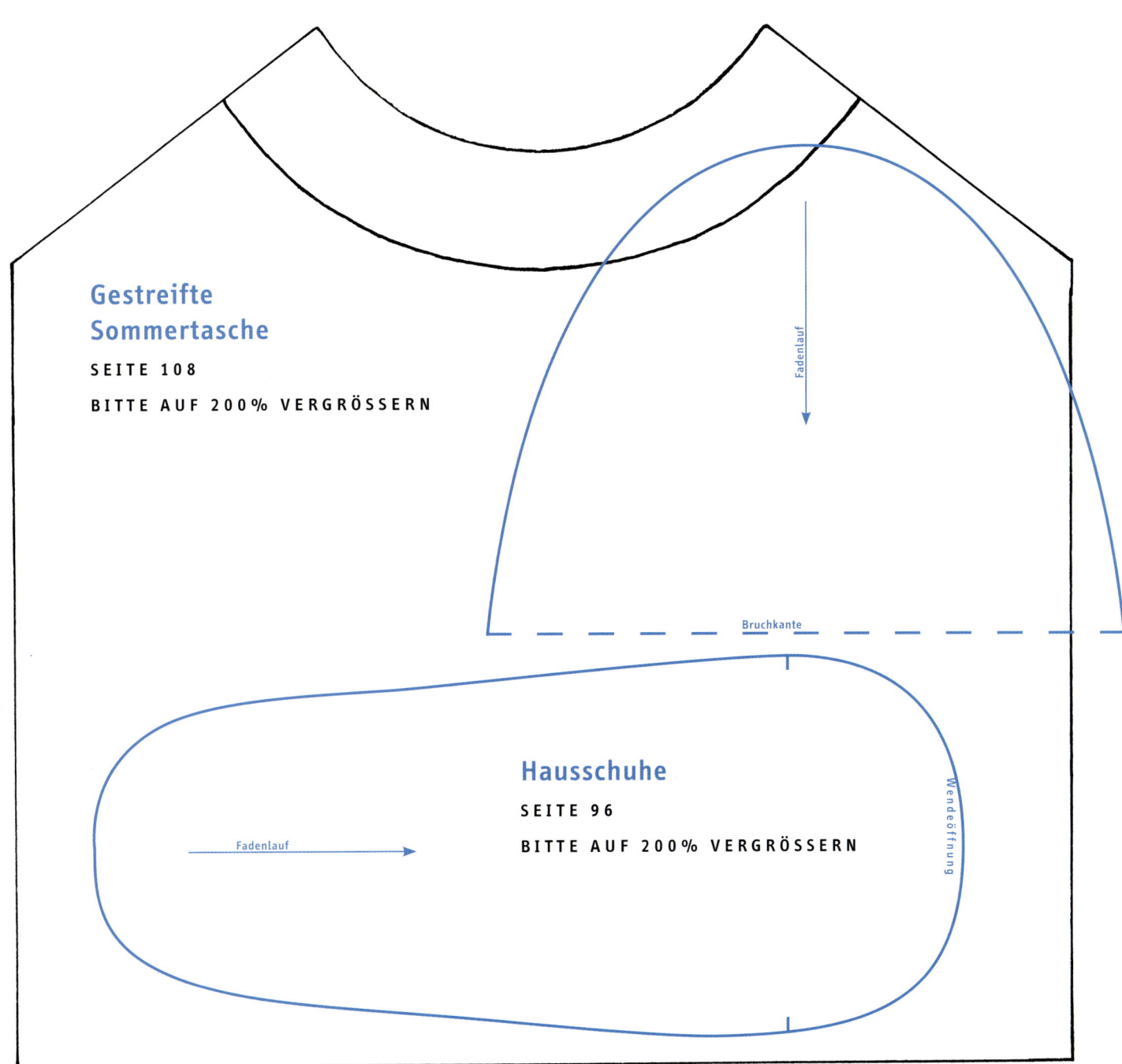

**Gestreifte
Sommertasche**

SEITE 108

BITTE AUF 200% VERGRÖSSERN

Fadenlauf

Bruchkante

Hausschuhe

SEITE 96

BITTE AUF 200% VERGRÖSSERN

Fadenlauf

Wendeöffnung

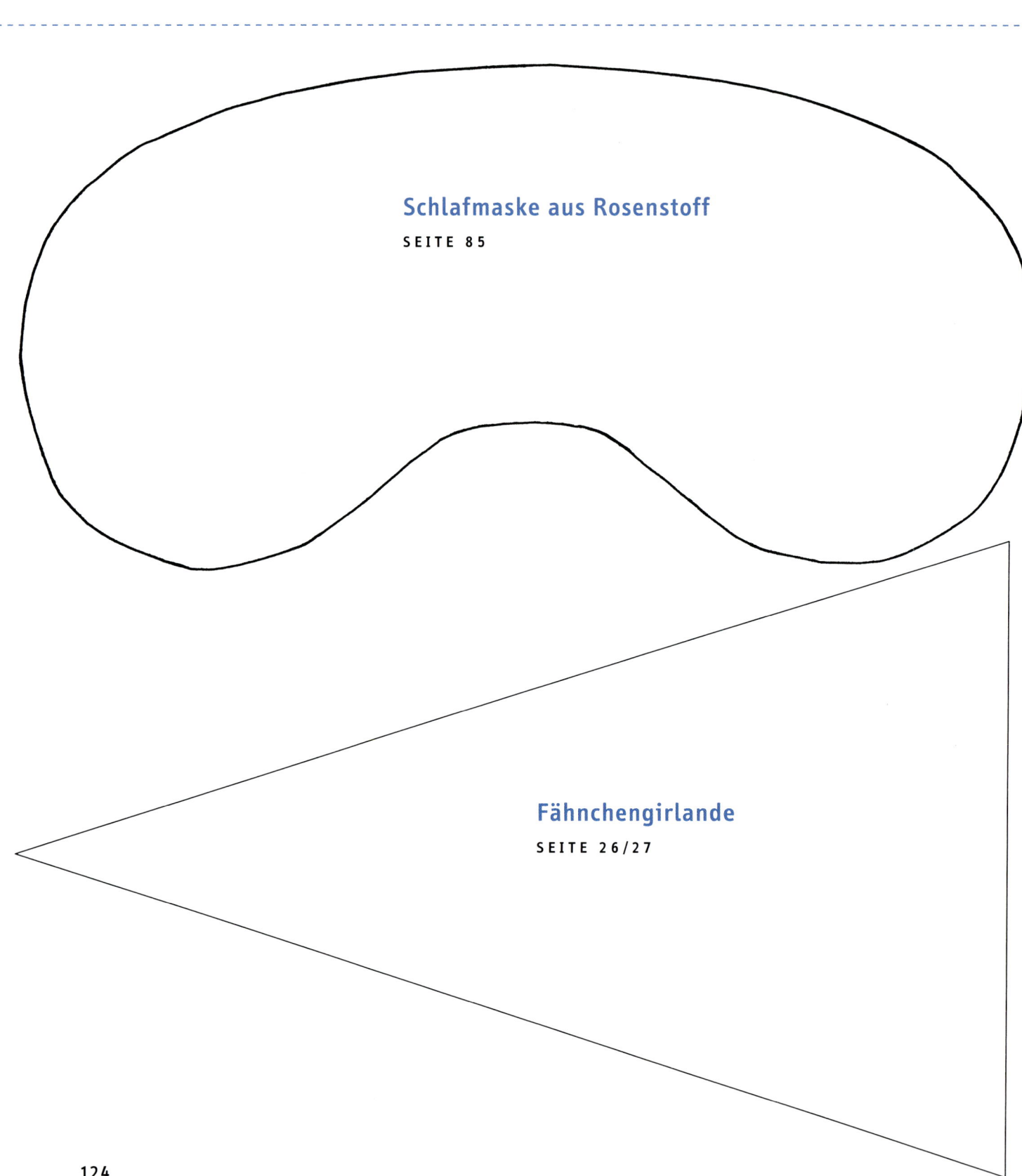

Schlafmaske aus Rosenstoff

SEITE 85

Fähnchengirlande

SEITE 26/27

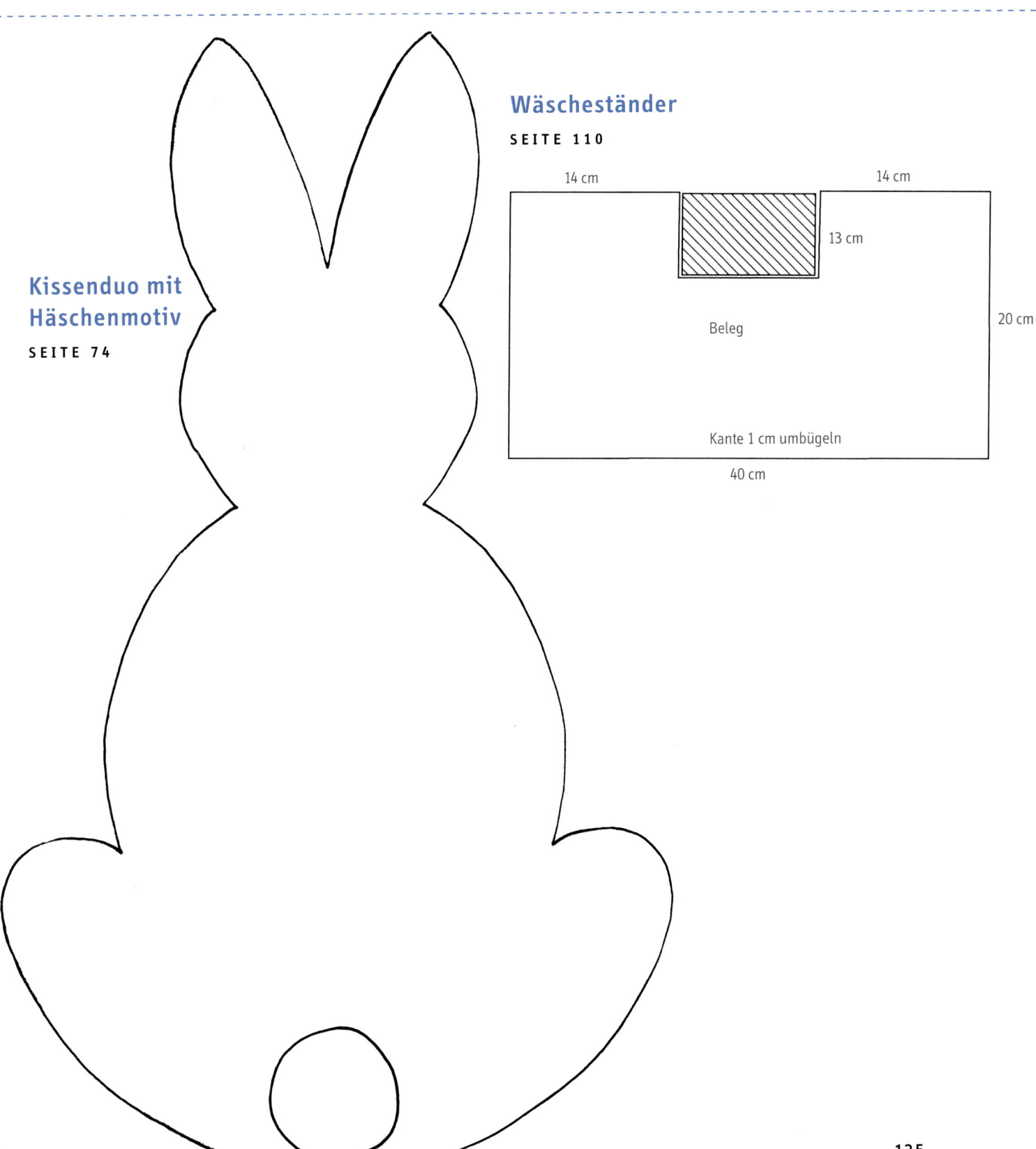

Wäscheständer

SEITE 110

Kissenduo mit Häschenmotiv

SEITE 74

14 cm

14 cm

13 cm

20 cm

Beleg

Kante 1 cm umbügeln

40 cm

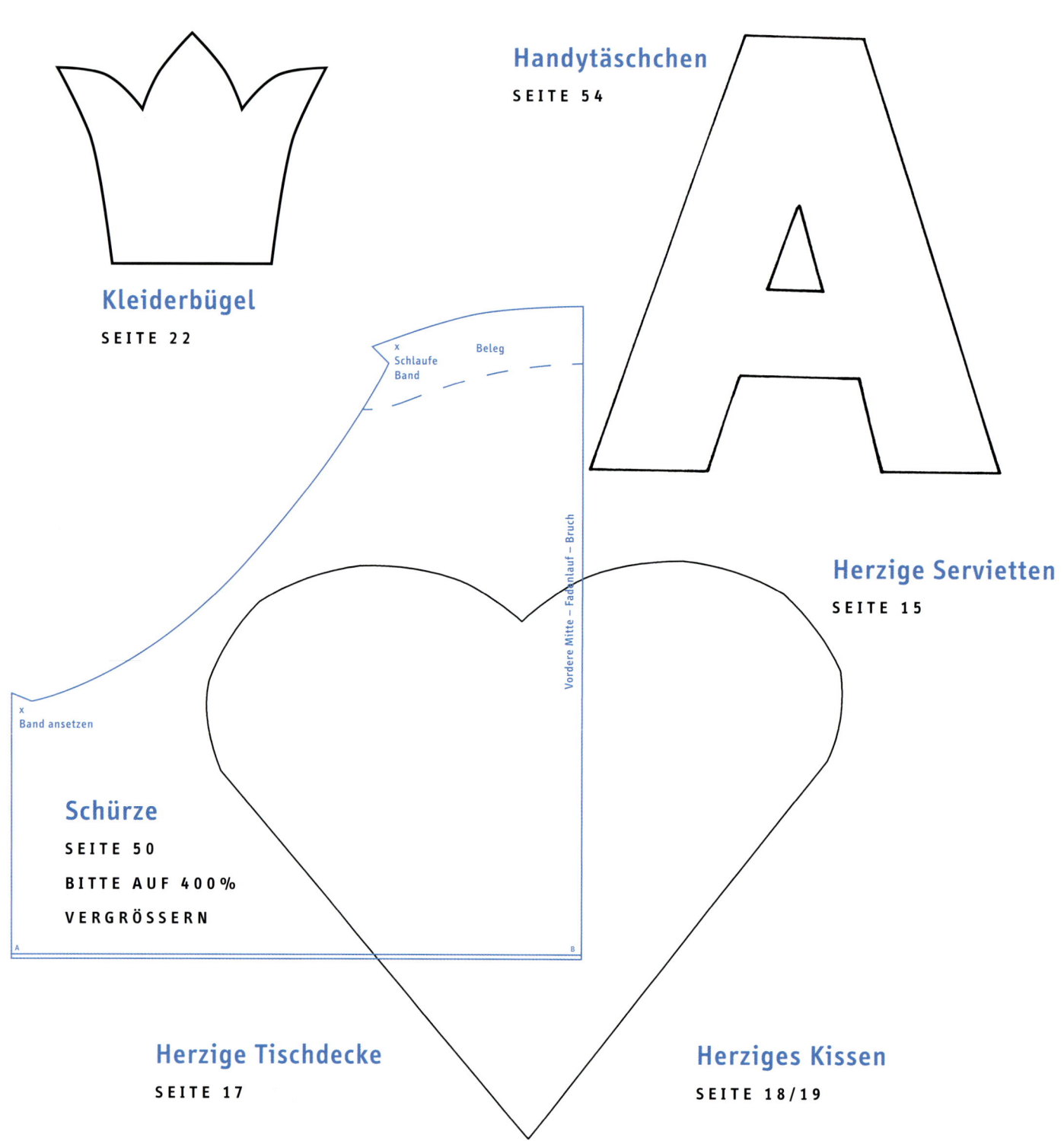

Kleiderbügel

SEITE 22

Handytäschchen

SEITE 54

x
Schlaufe
Band

Beleg

Vordere Mitte – Fadenlauf – Bruch

x
Band ansetzen

Herzige Servietten

SEITE 15

Schürze

SEITE 50

BITTE AUF 400%

VERGRÖSSERN

A

B

Herzige Tischdecke

SEITE 17

Herziges Kissen

SEITE 18/19

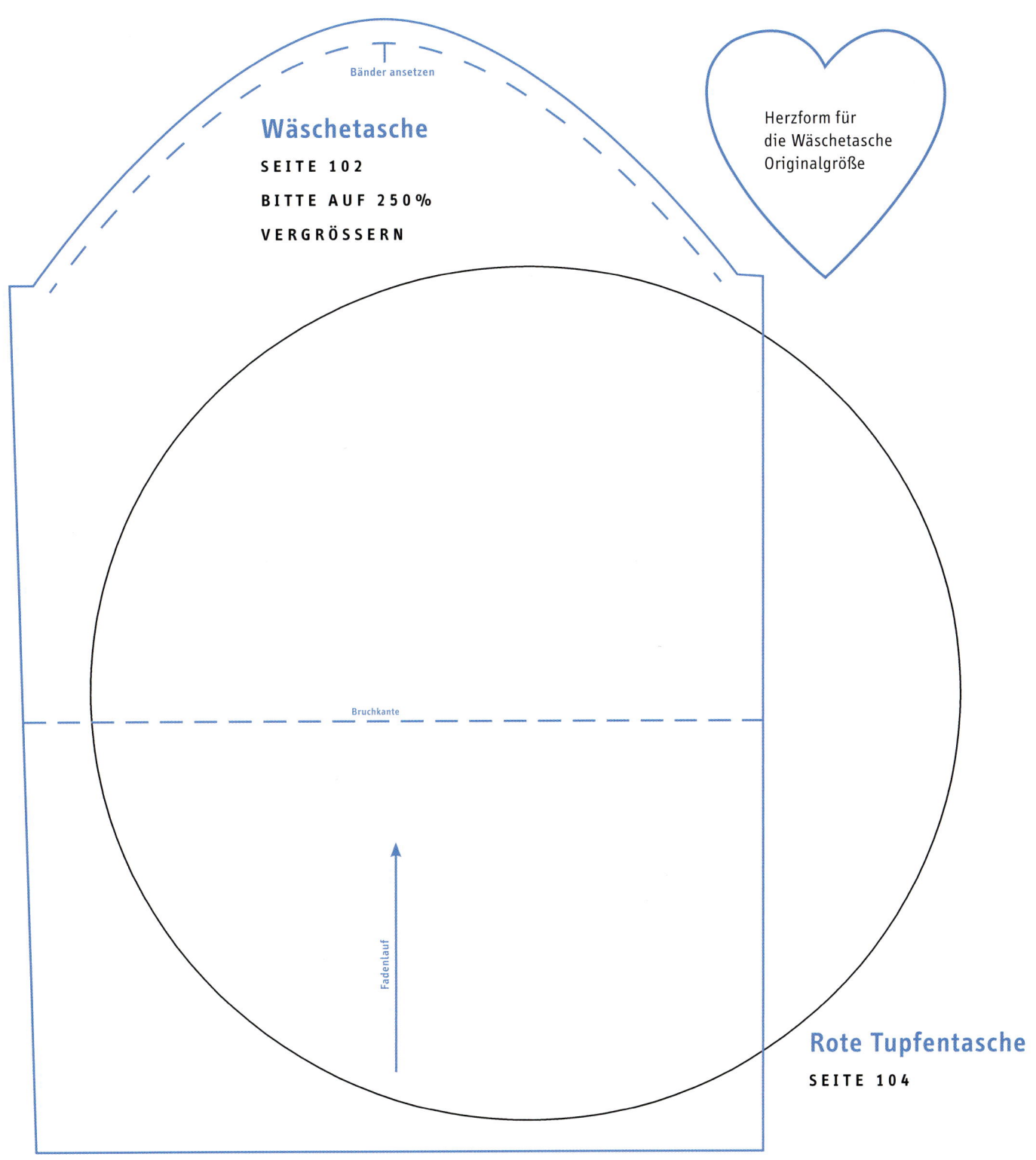

Bänder ansetzen

Wäschetasche

SEITE 102

BITTE AUF 250%

VERGRÖSSERN

Herzform für
die Wäschetasche
Originalgröße

Bruchkante

Fadenlauf

Rote Tupfentasche

SEITE 104

Bänder steppen

Eierwärmer
SEITE 46

Bänder steppen

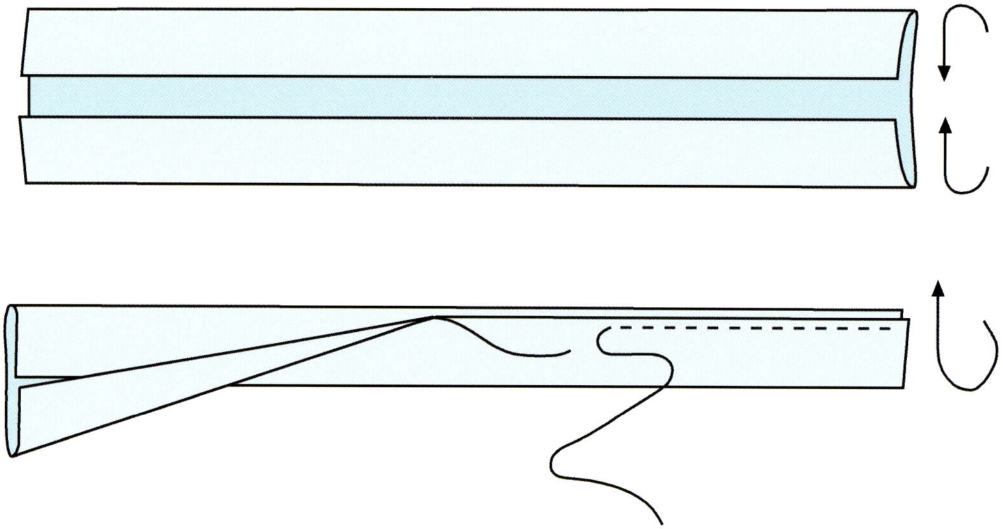

Gartenstuhlauflage
SEITE 90

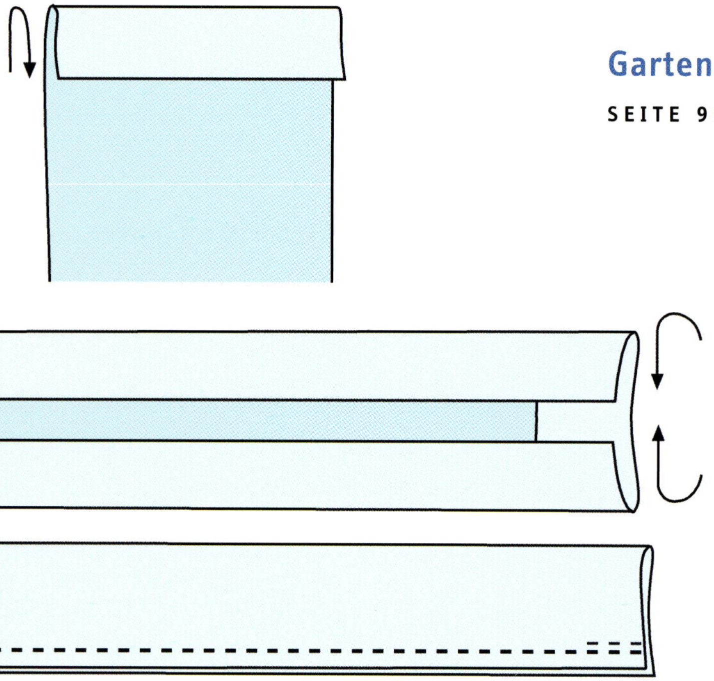

Stoffkante mit Schrägband versäubern

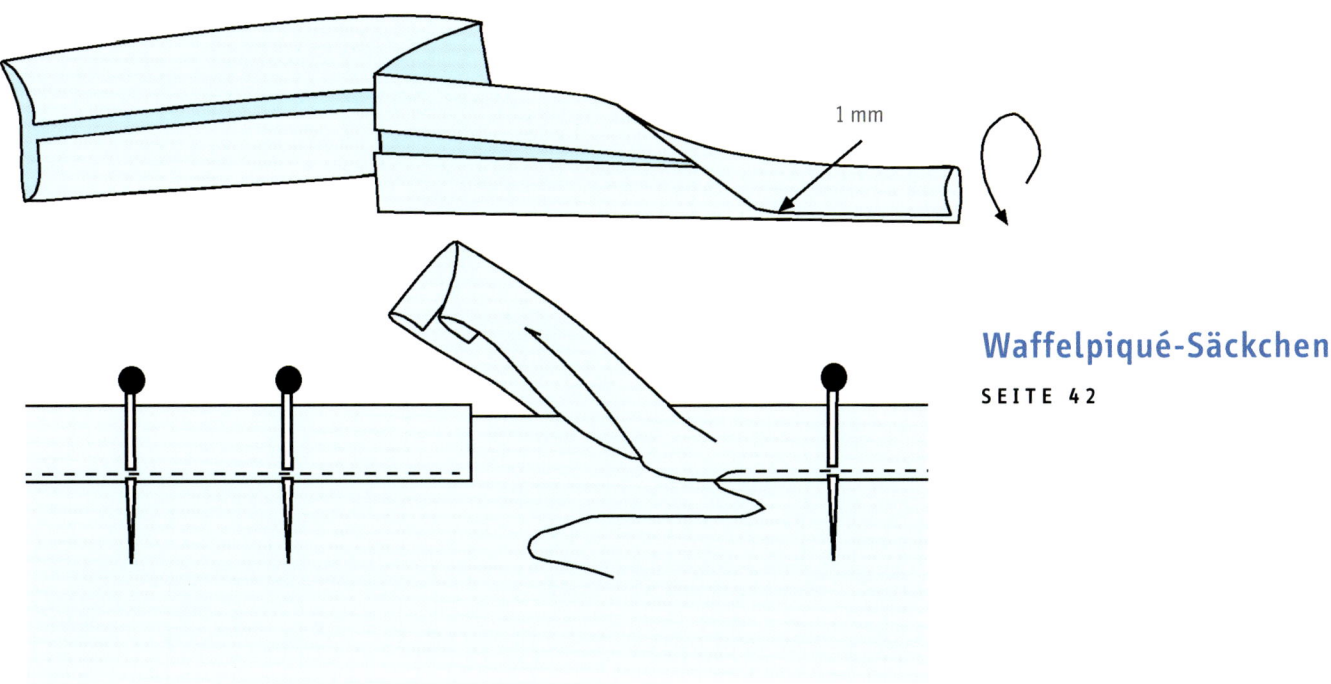

1 mm

Waffelpiqué-Säckchen

SEITE 42

Schrägstreifen bzw. Paspeln zwischenfassen

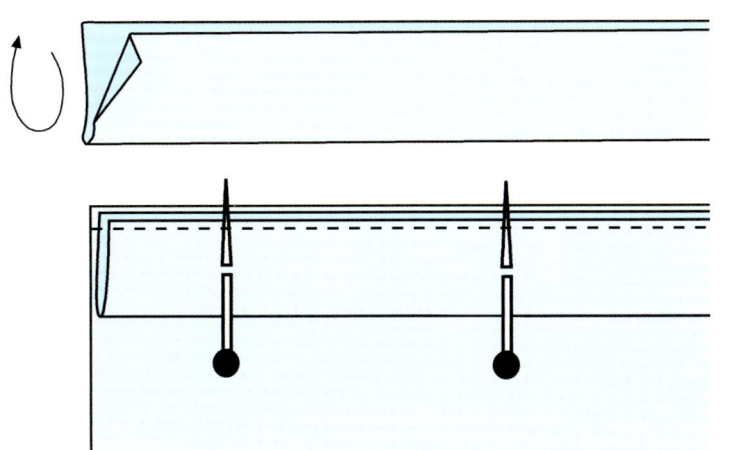

Gestreiftes Kissen

SEITE 86

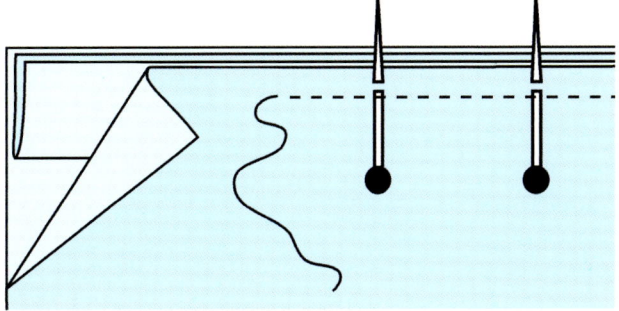

Waschlappen

SEITE 58

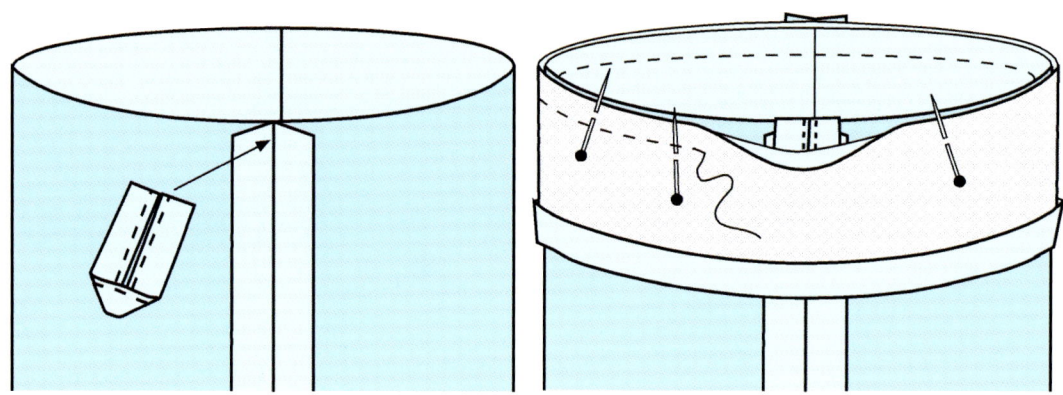

Schürze

SEITE 50

BITTE AUF 400%

VERGRÖSSERN

A

B

Beleg

Eierwärmer

SEITE 46

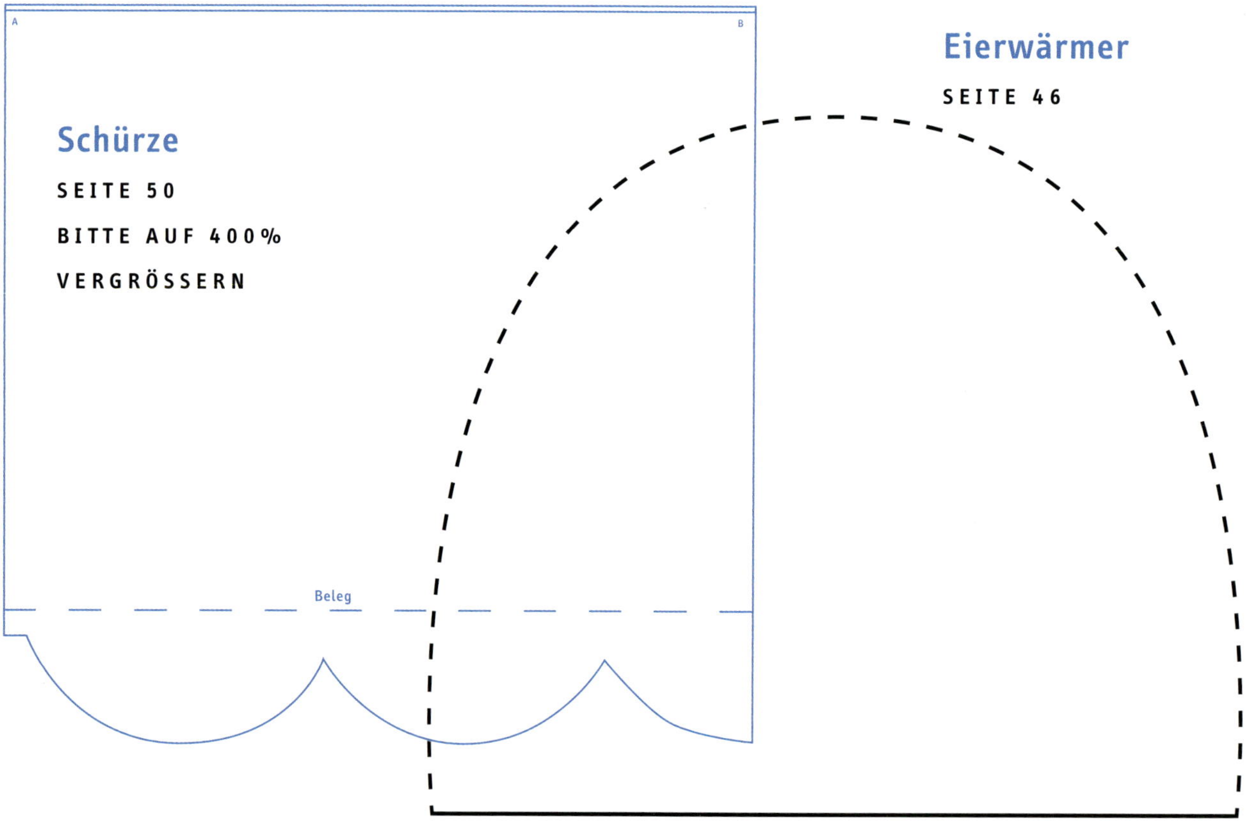

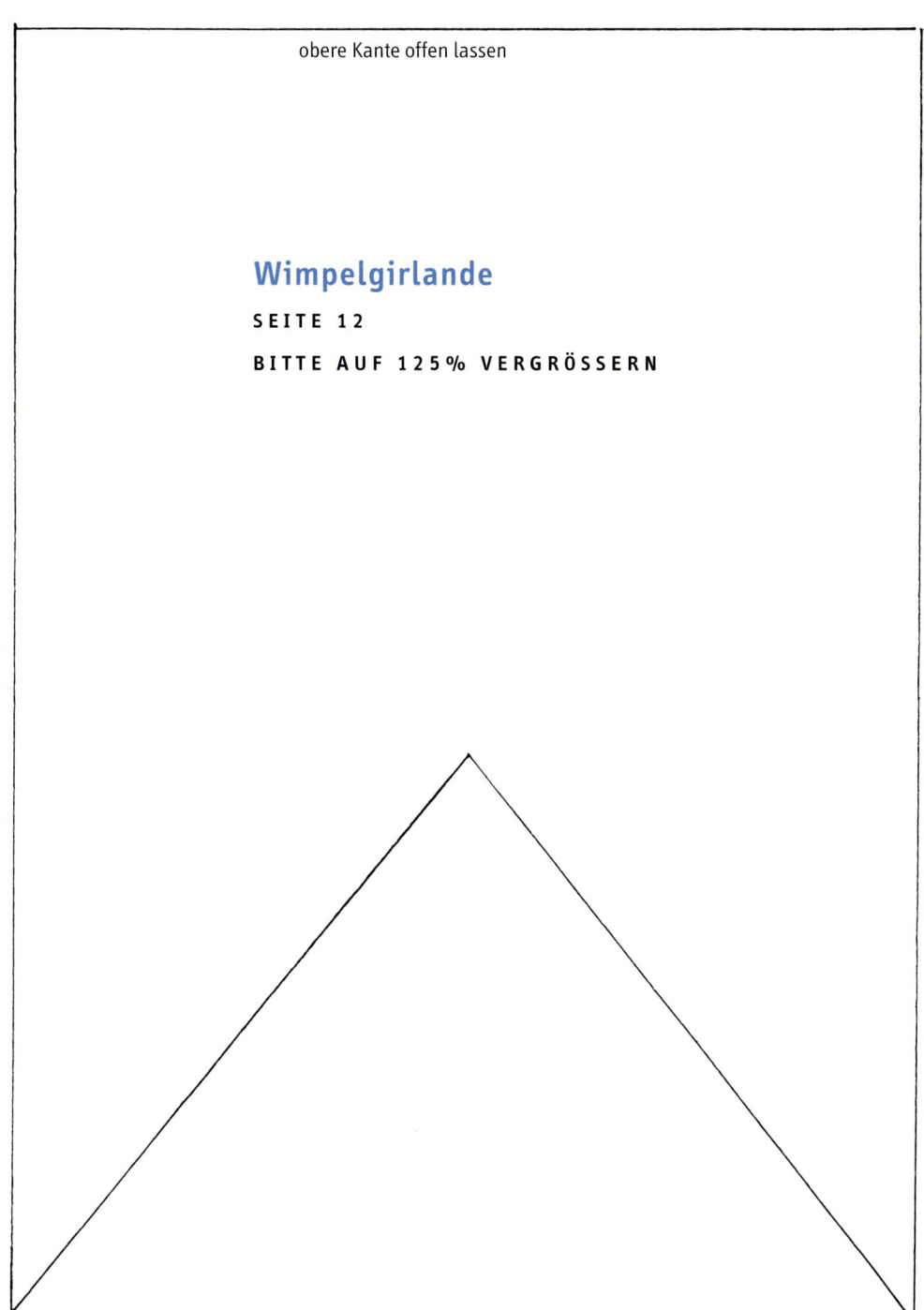

obere Kante offen lassen

Wimpelgirlande

SEITE 12

BITTE AUF 125% VERGRÖSSERN

HILFESTELLUNG ZU ALLEN FRAGEN, DIE MATERIALIEN
UND KREATIVBÜCHER BETREFFEN:
FRAU ERIKA NOLL BERÄT SIE. RUFEN SIE AN:
05052/911858*
*normale Telefongebühren

IMPRESSUM

MODELLE UND STYLING: Flora Press Agency GmbH, Hamburg (S. 14-19, 26/27, 36/37, 54/55, 60-69, 74/75, 78/79, 82-85, 94/95, 100/101, 104-109, 112/113)

MODELLE: Brigitte-Friederike Binder (S. 20-23, 25, 28-33, 38-41, 50/51, 70/71, 76/77, 96/97, 102/103), Ruth Laing (S. 10-13, 24, 42-49, 52/53, 56-59, 80/81, 86-93, 110/111)

FOTOS: frechverlag GmbH, 70499 Stuttgart; Flora Press Agency, Hamburg (S. 14-19, 26/27, 36/37, 54/55, 60-69, 74/75, 78/79, 82-85, 94/95, 100/101, 104-109, 112/113); Fotostudio Eugen Sommer (S. 10-13, 24, 42-49, 52/53, 56-59, 80/81, 86-93, 110/111, 114, 116); Fotostudio Ullrich & Co., Renningen (S.117-119); lichtpunkt Michael Ruder, Stuttgart (S. 20-23, 25, 28-33, 38-41, 50/51, 70/71, 76/77, 96/97, 102/103)

SCHRITTZEICHNUNGEN: Brigitte-Friederike Binder, Freiburg im Breisgau (Bunte Zeichnungen); Ruth Laing (Blaue Zeichnungen)

PROJEKTMANAGEMENT UND LEKTORAT: Julia Strohbach

LAYOUT: Heike Köhl

DRUCK UND BINDUNG: NEOGRAFIA, SLOWAKEI

3. Auflage 2012

© 2010 frechverlag GmbH, 70499 Stuttgart

ISBN 978-3-7724-5179-9
Best.-Nr. 5179